www.freundschaftsbaender.de

40 Freundschaftsbänder der Kategorie 2 von Marina Ulmer

Band 2

Art & Business, Verlag für Kunst und Karriere

Bibliografische Information der deutschen Bibliothek:

Die Deutsche Bibliothek verzeichnet diese Publikation in der Deutschen National Bibliographie; detaillierte bibliographische Daten sind im Internet über http://dnb.ddb.de abrufbar.

Impressum:

© 2007 Art & Business, Verlag für Kunst und Karriere, Stuttgart

© für die Abbildungen und Anleitungen liegt bei Marina Ulmer

Umschlaggestaltung: Gisela Fluhr

Printed in Germany

ISBN 13-stellig: 978-3-939782-11-7

www.art-and-business.com

Knüpfanleitung

Man benötigt Baumwollgarn mit Strick- und Häkelnadelstärke 2 - 2 ½ oder Stick- bzw. Perlgarn Nr. 5, eine Sicherheitsnadel, eine stumpfe Sticknadel (Größe Nr. 22), um falsch geknüpfte Knoten wieder zu öffnen, eine Schere und ein Maßband.

Nun schneidet man die entsprechende Anzahl an Fäden zurecht, fasst sie am oberen Ende mit einem Knoten zusammen und lässt 15 cm übrig für den Abschlusszopf. Durch den Knoten steckt man die Sicherheitsnadel und befestigt sie an einem Kissen, das man sich zwischen die Beine klemmt. Dann ordnet man die Fäden, wie auf der Knüpfvorlage angegeben, fächerförmig auf dem Schoß an. Die Fadenlängen sind jeweils genau angegeben. Um es sich etwas einfacher zu machen, kann man die Fäden auch alle gleich lang zuschneiden. Sie müssen dann so lang sein, wie der längste Faden. Eine einfachere Methode, ein Band zu beginnen, ist, die Fäden mit einem Klebeband auf dem Tisch zu befestigen. Eine genauere Beschreibung hierfür ist im ersten Buch "Band 1" oder auf meiner Website zu finden.

Die Bänder bestehen aus schwarzen und weißen Fäden (oder auch anderen kontrastreichen Farben), die anfangs immer abwechselnd angeordnet werden. Dann knüpft man **nur** Rechts-Links- und Links-Rechts-Knoten. Dabei bleiben die Fäden stets an ihrer ursprünglichen Position und werden **niemals** vertauscht. Bei jedem Knoten hat man einen weißen und einen schwarzen Faden zur Auswahl und kann entscheiden, ob der sichtbare Punkt weiß oder schwarz sein soll. Die abwechselnde Reihenfolge der Fäden "schwarz, weiß, schwarz, weiß, schwarz, weiß, ..." muss immer beibehalten werden.

Nun knüpft man die Reihen systematisch **quer, niemals schräg**, am besten Reihe für Reihe von links nach rechts. Es geht auch von rechts nach links, man darf nur nicht durcheinander geraten. Bei jedem Knoten nimmt man stets **zwei neue** Fäden in die Hände, immer die zwei Fäden rechts (oder links) des zuletzt geknüpften Knotens. Am besten legt man die Fäden auf eine Seite vom Schoß, und nach jedem Knoten legt man diese beiden Fäden auf die **andere Seite** vom Schoß und nimmt die zwei nächsten Fäden in die Hände.

Ich lege mir immer ein Lineal oder ein Stück Papier oder Pappendeckel auf die Vorlage und schiebe es **reihenweise** nach unten. Zu empfehlen ist auch, immer eine Reihe **zu Ende** zu knüpfen, bevor man das Band für längere Zeit aus der Hand legt.

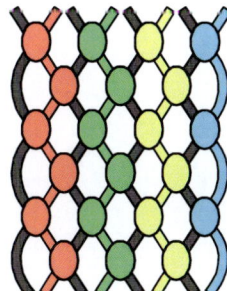 Jeder Faden wird abwechselnd mit **seinem** rechten und linken Nachbarfaden verknüpft, deshalb verlaufen die Farben im Zickzack längs des Bandes abwärts. Die schwarzen Fäden sind bei der Abbildung links immer Spannfäden und niemals an der Oberfläche. Man kann nun an jeder gewünschten Position statt einem farbigen Knoten einen schwarzen Knoten knüpfen, siehe Abbildung rechts.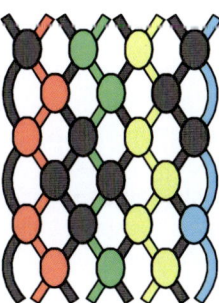

Auf der nächsten Seite sind alle vier Knoten abgebildet, die auch bei den Bändern der Kategorie 1 verwendet werden.

1.) Rechts-Rechts-Knoten = RR

Symbol

Der weiße Faden ist hier der Spannfaden und wird mit der linken Hand nach unten gespannt. Mit der rechten Hand schlingt man den schwarzen Faden (Knüpffaden) nach **rechts** um den Spannfaden und zieht ihn fest nach oben. Dann legt man eine zweite Schlinge nach **rechts** und zieht den Faden wieder fest nach oben.

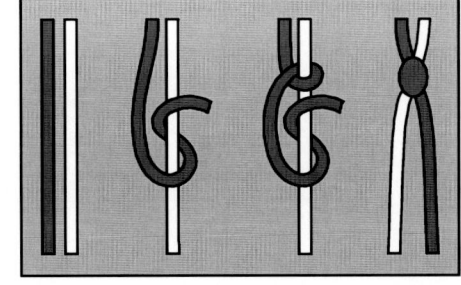

Die Fäden haben ihre Position gewechselt!

2.) Links-Links-Knoten = LL

Symbol

Diesmal ist der schwarze Faden der Spannfaden und wird mit der linken Hand straff gezogen. Mit der rechten Hand den weißen Faden nach **links** um den schwarzen Faden schlingen und fest nach oben ziehen. Eine zweite Schlinge nach **links** ausführen und wieder fest nach oben ziehen.

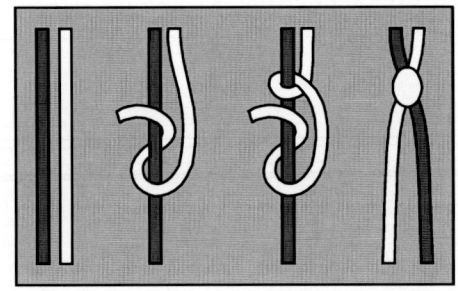

Die Fäden haben ihre Position gewechselt!

3.) Rechts-Links-Knoten = RL

Symbol

Hier ist wieder der weiße Faden der Spannfaden und wird mit der linken Hand straff gezogen. Mit der rechten Hand den schwarzen Faden erst nach **rechts** um den weißen Faden schlingen und fest nach oben ziehen, danach nach **links** schlingen und wieder fest nach oben ziehen.

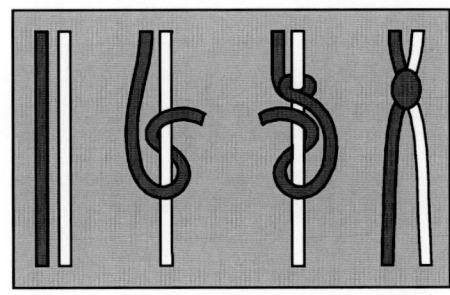

Die Fäden bleiben an ihrem Platz!

4.) Links-Rechts-Knoten = LR

Symbol

Und hier ist der schwarze Faden der Spannfaden und wird mit der linken Hand straff gezogen. Mit der rechten Hand den weißen Faden erst nach **links** um den schwarzen Faden schlingen und fest nach oben ziehen, danach nach **rechts** schlingen und wieder fest nach oben ziehen.

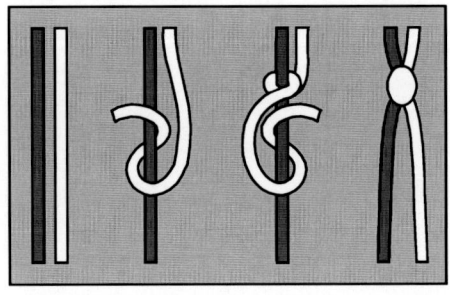

Die Fäden bleiben an ihrem Platz!

Da bei den Bändern der Kategorie 2 nur die Symbole für

Rechts-Links-Knoten

Links-Rechts-Knoten

benötigt werden, würde z.B. der Pinguin aussehen wie die Abbildung rechts. Da man so überhaupt nichts mehr richtig erkennen kann, habe ich die Symbole geändert.

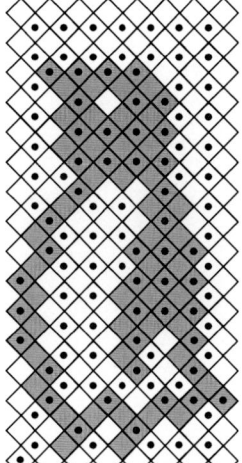

Für diese Bänder gelten folgende Symbole:

Rechts-Links-Knoten = RL

Links-Rechts-Knoten = LR

Damit wird die Vorlage besser erkennbar.

Mögliche Fehler

Der häufigste Fehler, der auch mir immer wieder passiert, ist, dass man statt einem RL- einen RR-Knoten oder statt einem LR- einen LL-Knoten anfertigt. Danach befinden sich in der nächsten Reihe zwei weiße und zwei schwarze (oder bunte) Fäden nebeneinander. Um den Fehler zu korrigieren, muss man von diesem Knoten nur die zweite Schlinge wieder öffnen und in die andere Richtung knüpfen, damit schwarz und weiß wieder vertauscht werden.

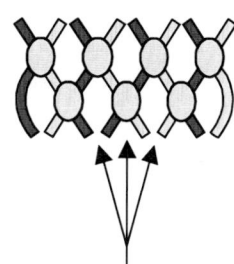

Dieser Knoten ist zu korrigieren, da zwei schwarze und zwei weiße Faden nebeneinander auftreten.

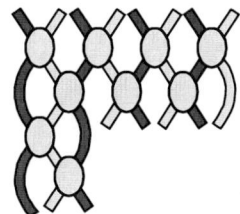

Ein weiterer Fehler passiert, wenn man nicht die nächsten **zwei** Fäden in die Hände nimmt, sondern nur **einen** Faden weiter rutscht. Danach befindet sich hinter dem Knoten ein tiefer Abgrund und es stimmt nichts mehr. Dieser Fehler muss unbedingt korrigiert werden.

Band Nr. 1

Dieses Band besteht aus 8 Fäden, 4 x weiß, 4 x schwarz, die am Anfang abwechselnd angeordnet werden. In der ersten Reihe knüpft man 4 Rechts-Links-Knoten, immer mit einem weißen und einem schwarzen Faden.
In der zweiten Reihe (Zwischenreihe) folgen **nur 3** Links-Rechts-Knoten, die zwei Fäden rechts und links außen bleiben **unbenutzt**. In der dritten Reihe wieder 4 Knoten mit allen 8 Fäden, in der vierten Reihe 3 Knoten ohne die zwei äußeren Fäden, usw.

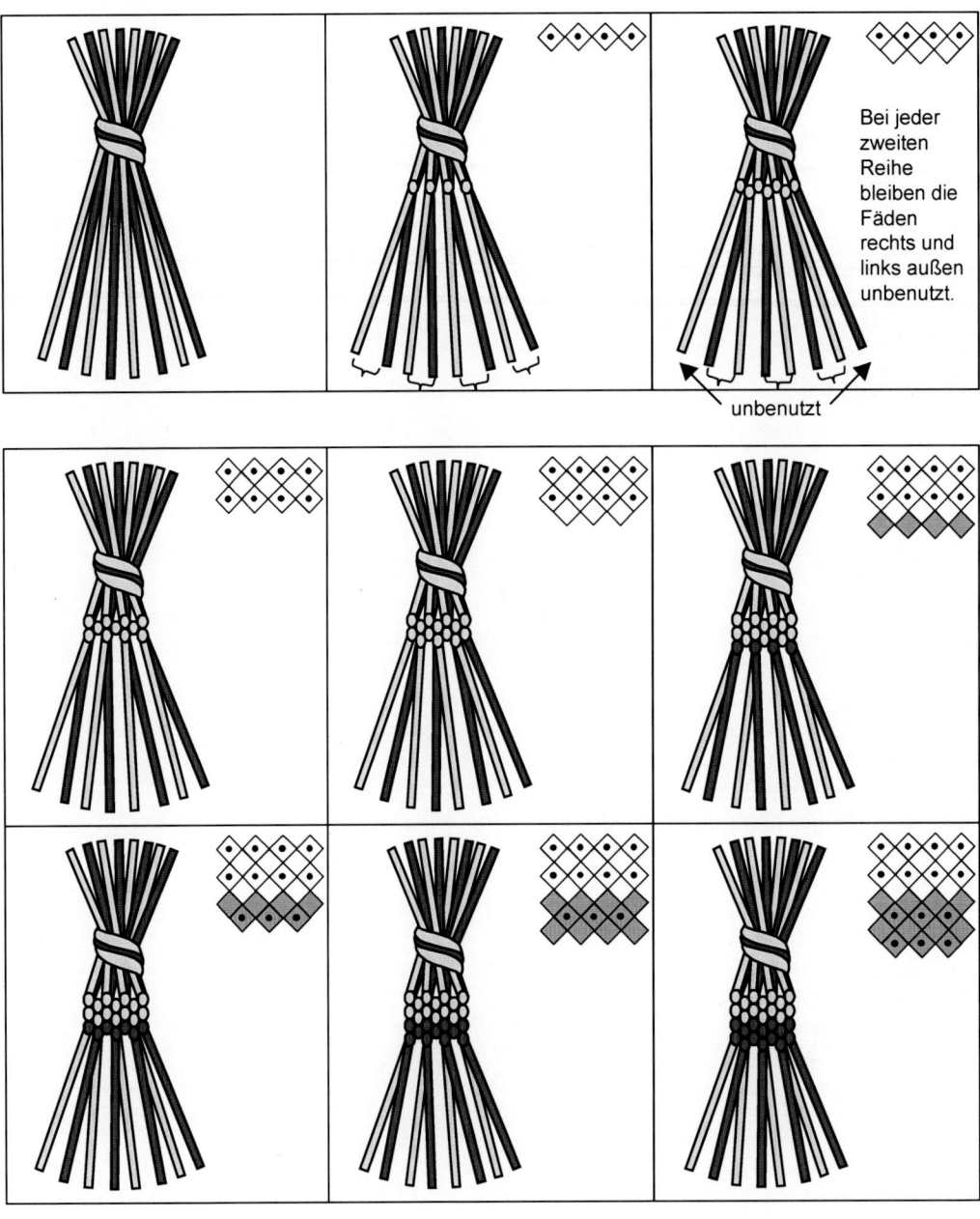

Bei jeder zweiten Reihe bleiben die Fäden rechts und links außen unbenutzt.

unbenutzt

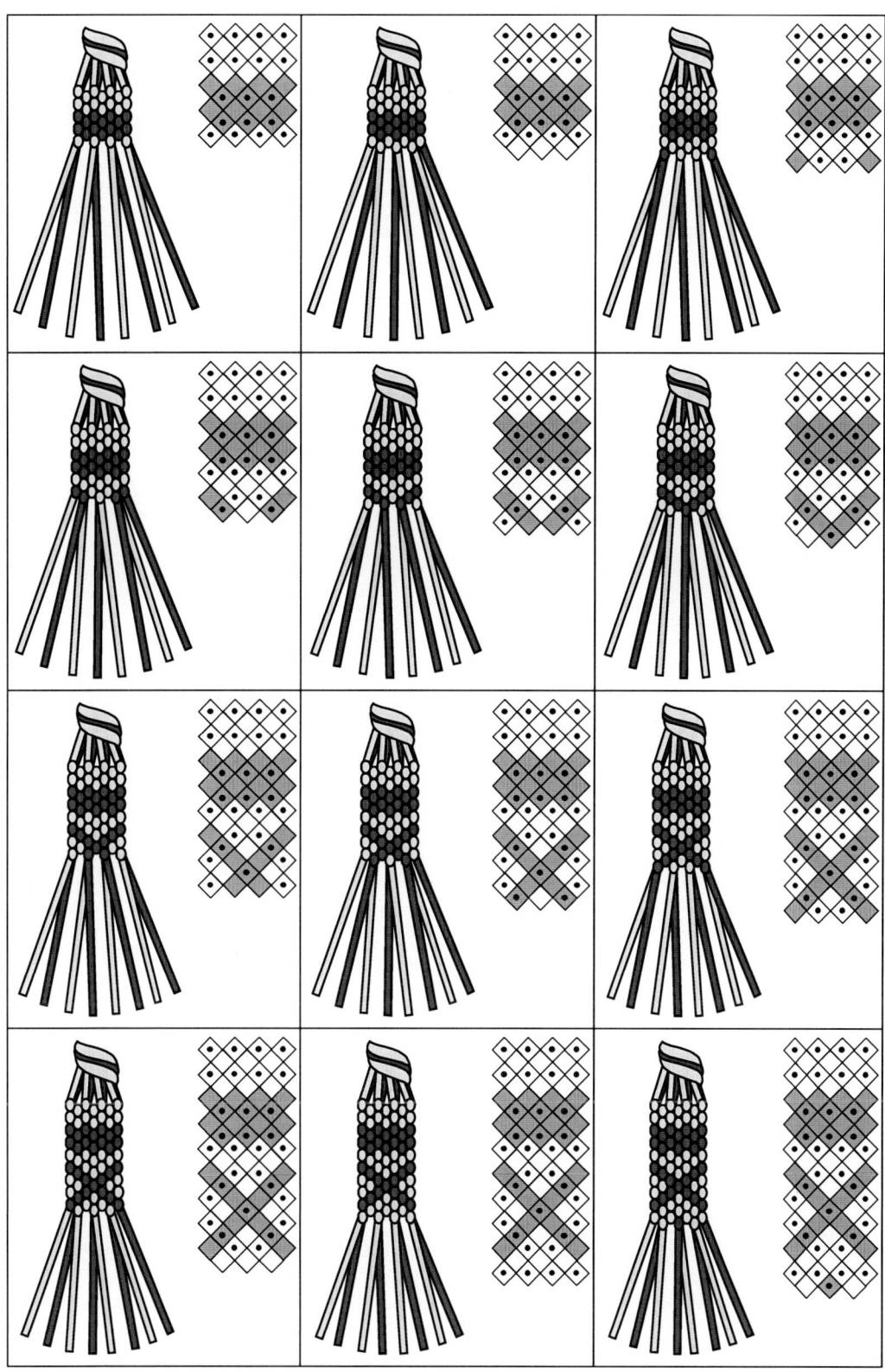

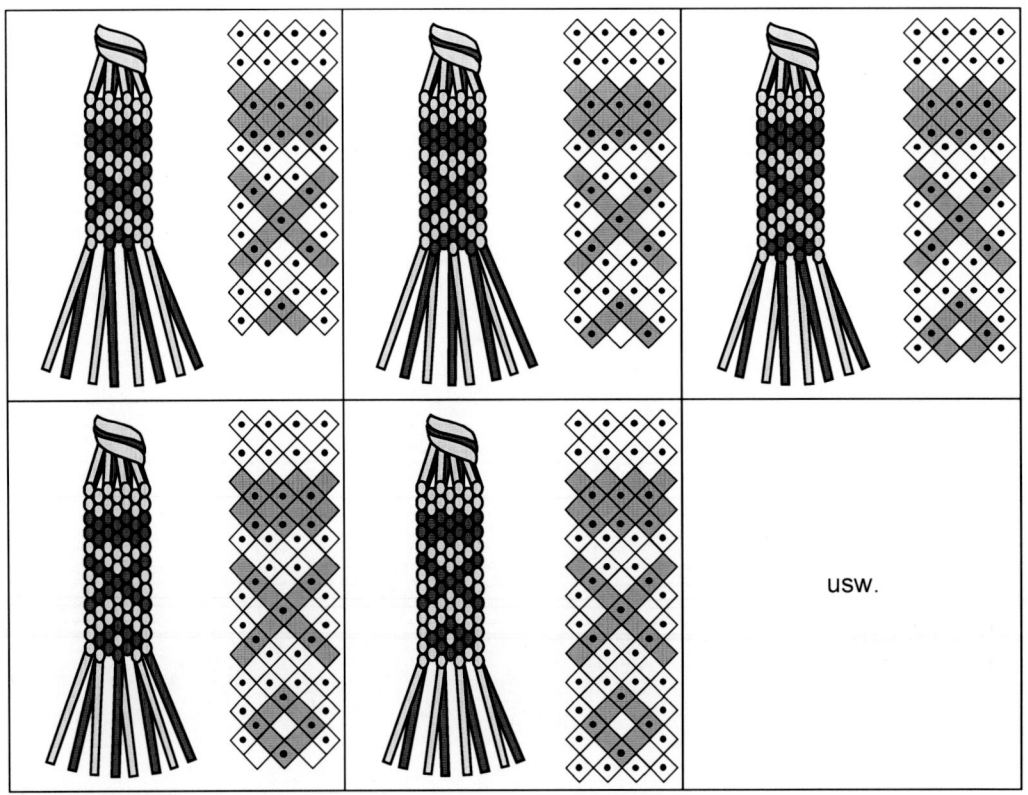

Die Randknoten spielen bei den schwarz-weiß Bändern eine große Rolle. Es gibt zwei verschiedene Arten, die etwas unterschiedlich aussehen. Es kommt darauf an, ob der Knüpffaden für den Randknoten ganz außen ist oder ob er der zweite Faden von außen ist.

Am linken Rand ist der weiße Faden ganz außen. Der Randknoten deckt den Spannfaden komplett ab, und die Verbindung zum vorherigen Randknoten ist außen zu sehen. Dies ist der optimale Randknoten.

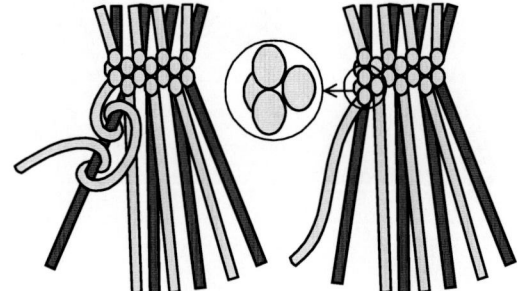

Auf der rechten Seite ist der weiße Faden der zweite Faden von außen. Bei diesem Randknoten fehlt die äußere Verbindung zum vorherigen Randknoten, deshalb sieht der Knoten dünner aus. Der Spannfaden ist durch kleine Lücken gelegentlich sichtbar. Diesen Knoten sollte man möglichst locker knüpfen.

Am elegantesten ist es, rechts und links einen extra Rand zu knüpfen. Diese beiden Fäden bleiben immer ganz außen und bilden auf beiden Seiten einen gleichmäßigen Rand. Dieses Band besteht aus zwei Fäden mehr, also 10 Fäden.

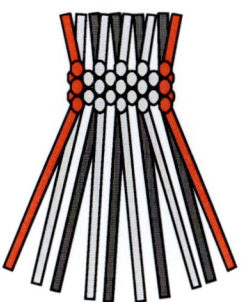

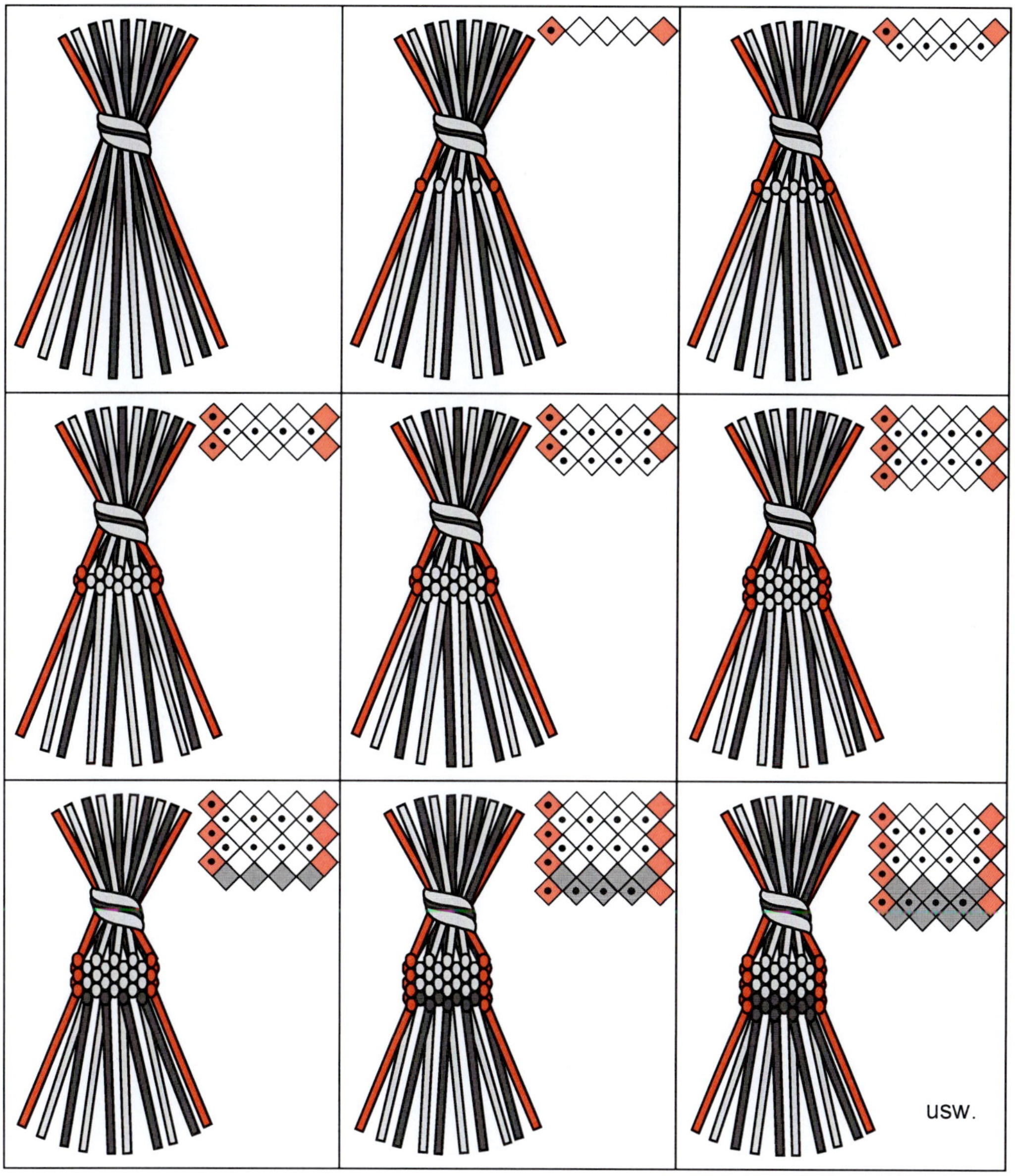

usw.

Band Nr. 2

Das Band besteht aus 9 Fäden, 5 x weiß, 4 x farbig. Bei einer **ungeraden** Anzahl an Fäden sieht die Struktur aus wie die Abbildung ganz rechts.
In **jeder** Reihe sind vier Knoten. In der ersten Reihe bleibt der **letzte** Faden unbenutzt, in der zweiten Reihe bleibt der **erste** Faden unbenutzt, in der dritten Reihe wieder der letzte, in der vierten Reihe der erste, usw.

8 Fäden **9 Fäden**

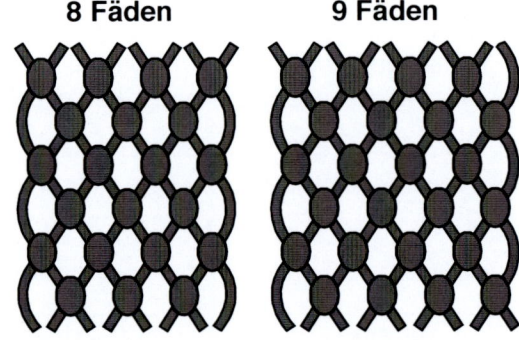

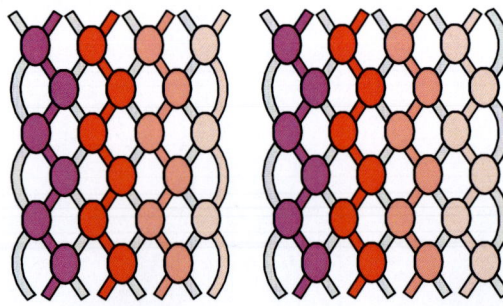

Dieses Band besteht aus 4 Farben. Wenn man das Band nur mit 8 Fäden anfertigt, wird eine Farbe am Rand (hier hellrosa) nur halb so oft verwendet wie die anderen Farben. Mit einer ungeraden Anzahl an Fäden wird auch diese Farbe gleich oft verwendet.

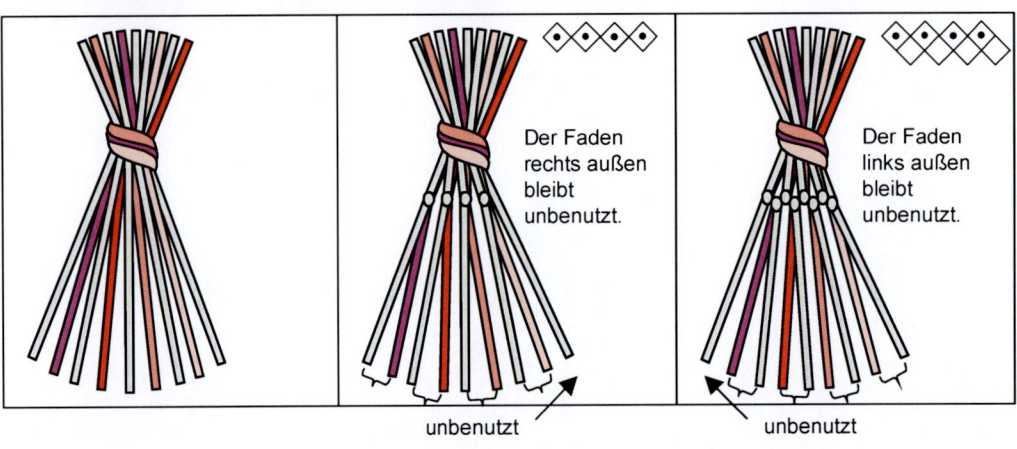

Der Faden rechts außen bleibt unbenutzt.

Der Faden links außen bleibt unbenutzt.

unbenutzt   unbenutzt

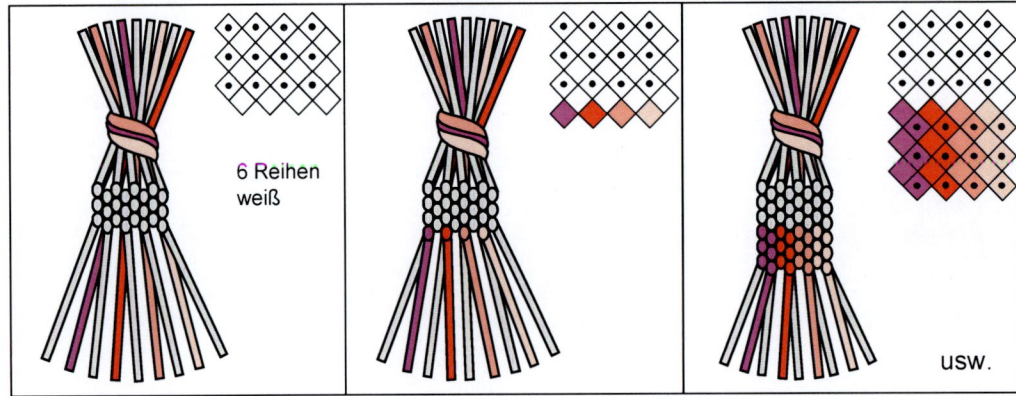

6 Reihen weiß

usw.

Abschluss des Bandes

Die Länge des Bandes sollte 2 cm kürzer sein als der Umfang des Handgelenks, da man diesen Platz zum Verknoten benötigt. Bei einem Handgelenkumfang von 15 cm ist eine Länge des Bandes von 12 - 13 cm passend. Je nach Dicke der Fäden oder auch nach Festigkeit der Knoten werden die Bänder etwas unterschiedlich lang. Viele Bänder kann man je nach Muster einfach kürzer oder länger anfertigen. Für einen Mann mit einem Handgelenkumfang von mehr als 20 cm müsste das Band bedeutend länger geknüpft werden und auch die Fäden länger zugeschnitten werden.

Man löst den anfänglichen Knoten oben am Band und bringt die überstehenden Fäden in Ordnung. Wenn das Band mit diesem Anfang begonnen wurde, kann man die obersten Knoten von der anderen Seite her noch einmal einzeln fest zuziehen.
Dadurch ordnen sich die Fäden richtig schön an, um den Abschlusszopf zu flechten. Hierfür teilt man die Fäden an jedem Ende in drei möglichst gleich große Teile und flicht je einen Zopf. Die Abschlussknoten der Zöpfe müssen ganz brutal festgezogen werden, da man diese Knoten, fall sie jemals aufgehen, nie wieder zuknoten kann. Bei breiteren Bändern kann man auch an jedem Ende zwei Zöpfchen flechten, was das Umbinden allerdings etwas umständlicher macht.
Der Abstand vom Bandende bis zum Abschlussknoten sollte 5 - 6 cm betragen.

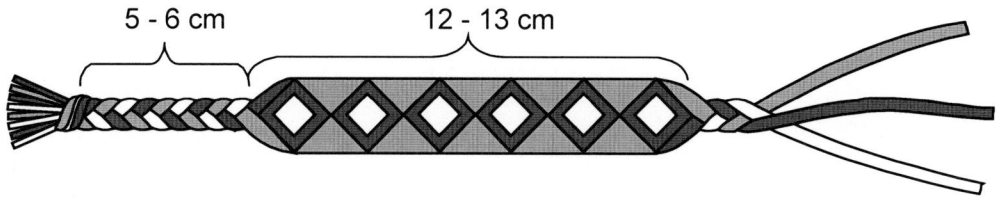

Das Verknoten am Handgelenk erfolgt am besten mit einem Kreuzknoten, das ist ein Rechts-Links- oder Links-Rechts-Knoten. Danach stehen die Bandenden **parallel** zum Band ab.

Wenn man einen Rechts-Rechts- oder Links-Links-Knoten ausführt, entsteht ein Altweiberknoten, der sich sehr leicht von alleine löst, und die Bandenden stehen **quer** zum Band ab, was sich sehr störend auswirkt.
Sich das Band alleine umzubinden erfordert etwas Übung und ist ohne Hilfe der Zähne nicht möglich. Wenn man jemanden hat, der einem das Band zuknoten kann, ist das sehr viel angenehmer.

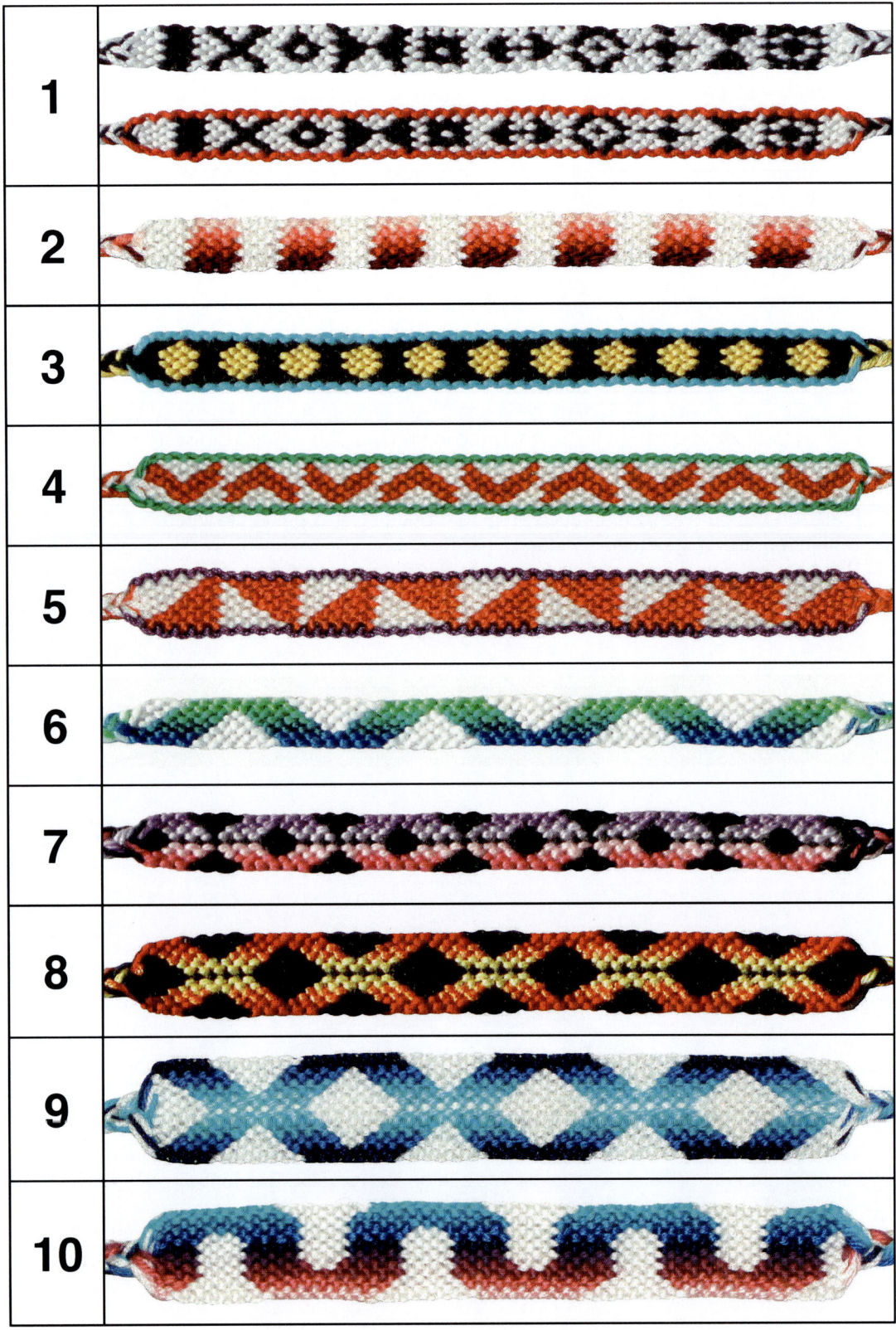

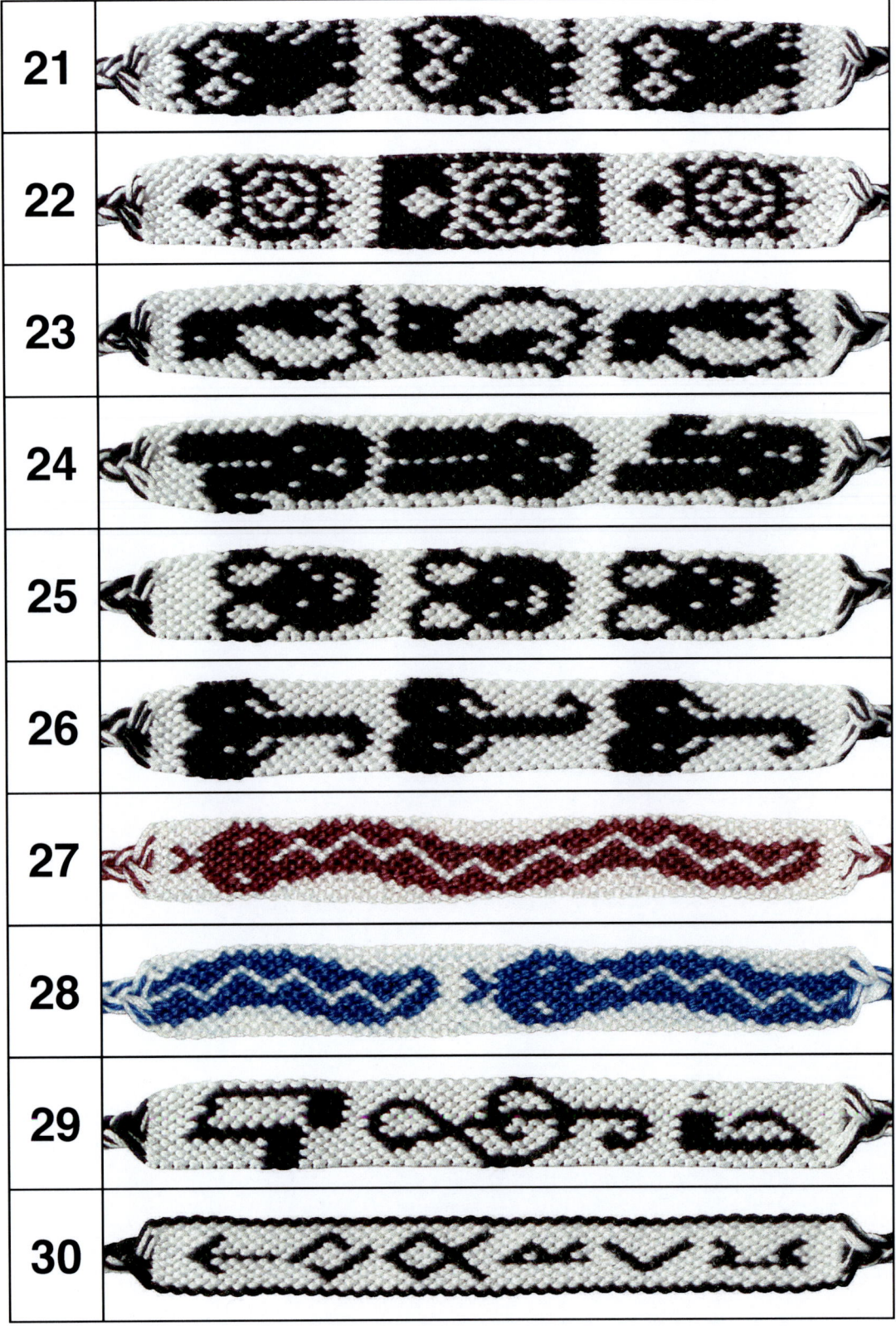

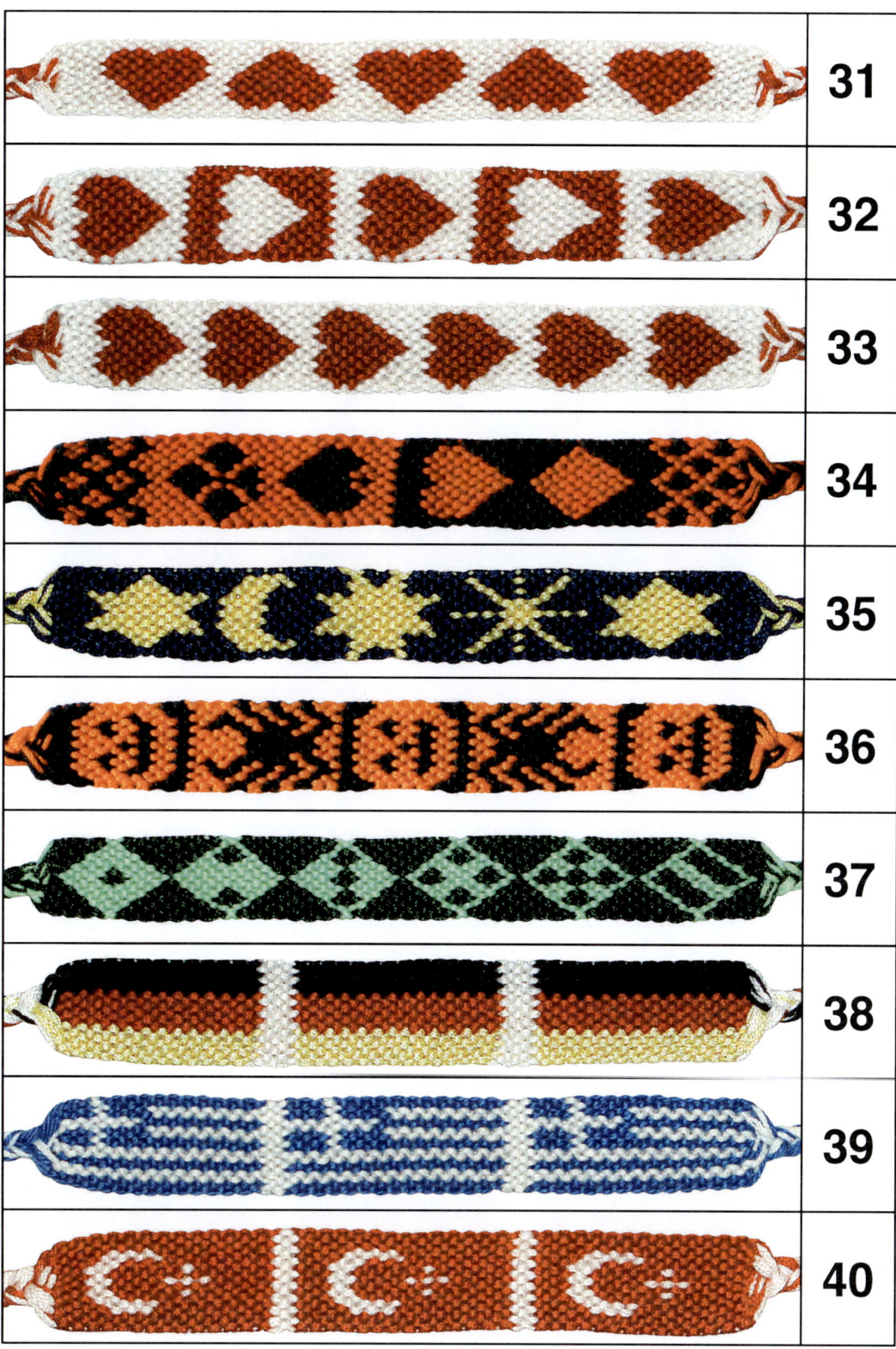

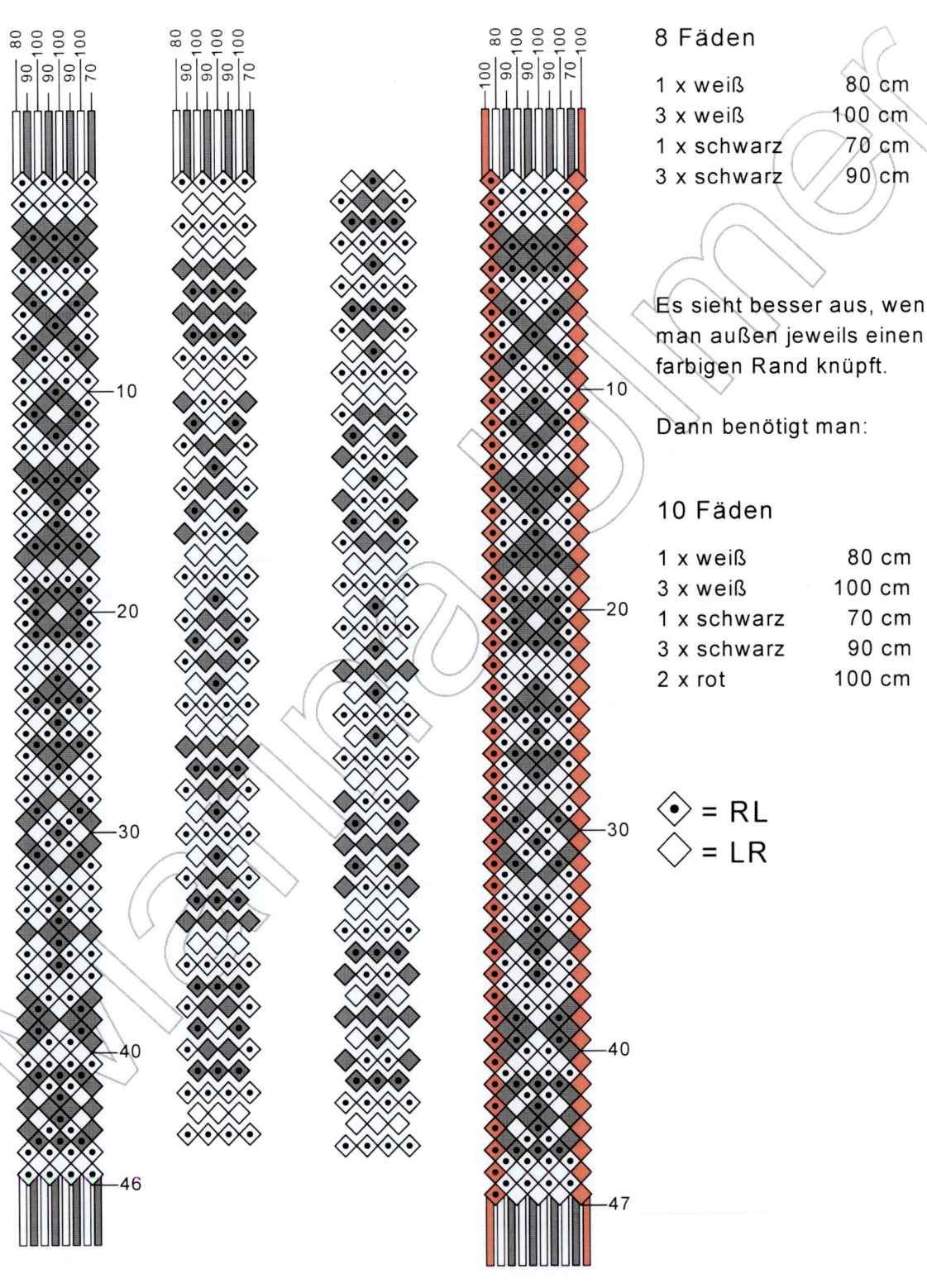

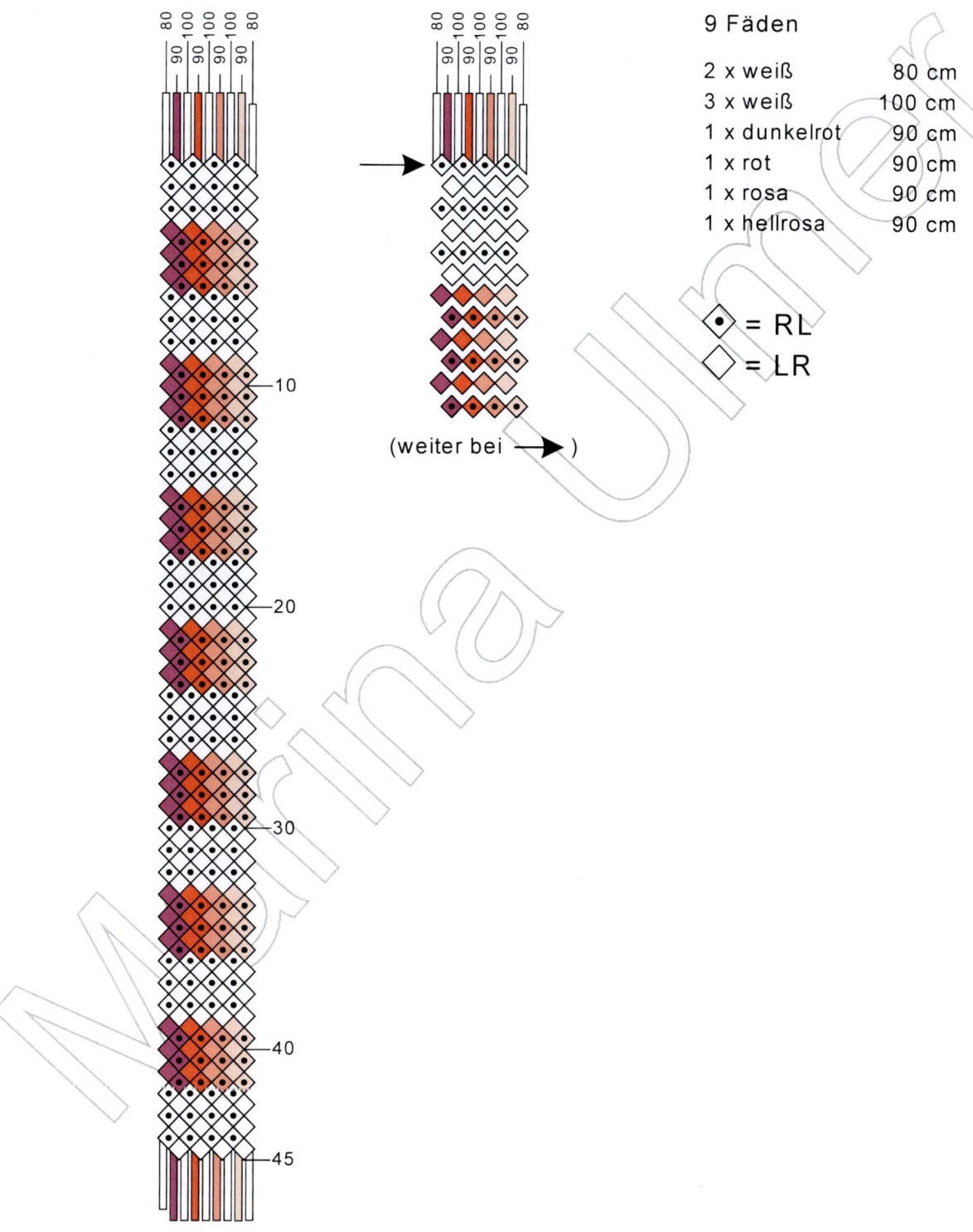

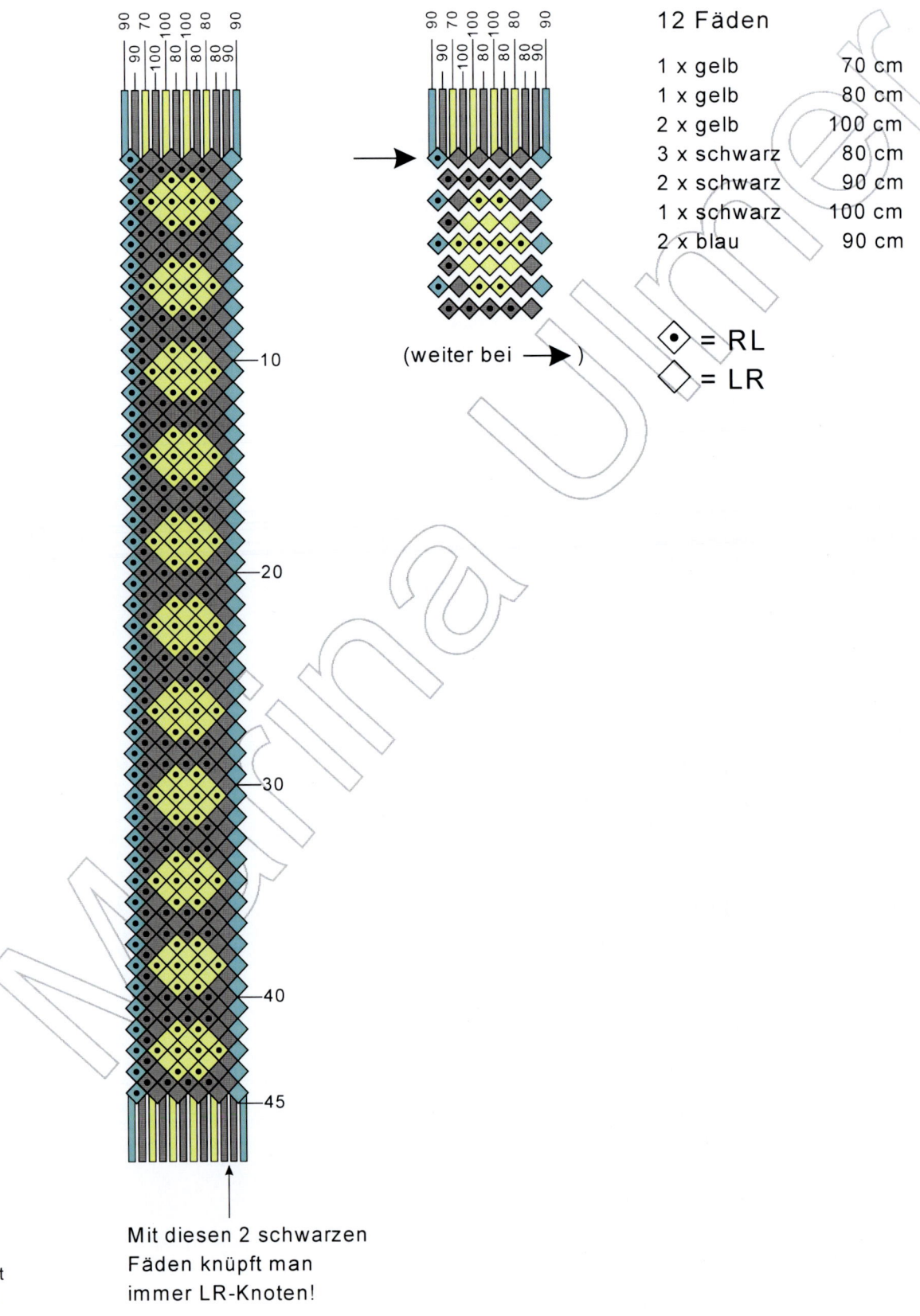

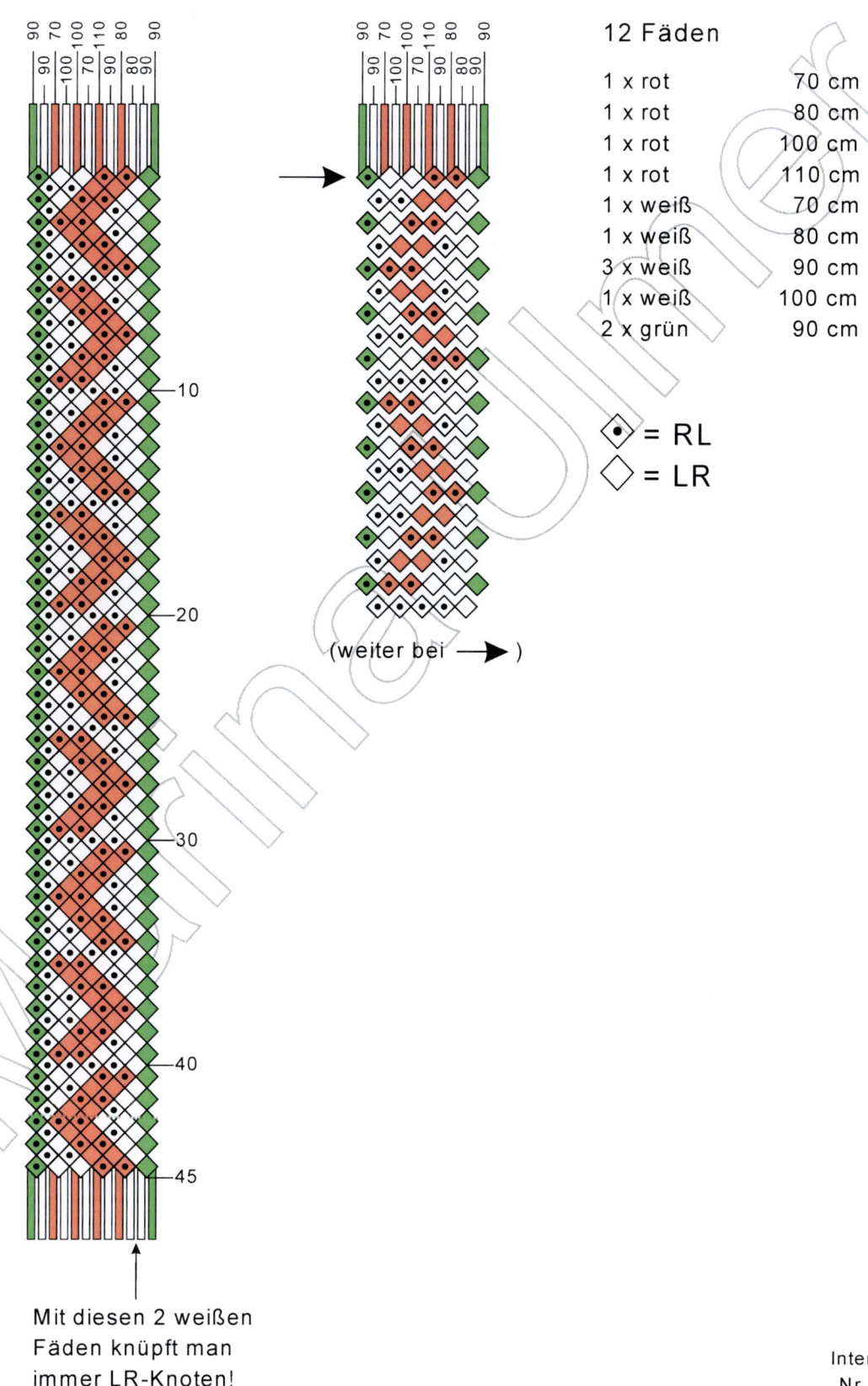

12 Fäden	
1 x rot	70 cm
1 x rot	80 cm
1 x rot	100 cm
1 x rot	110 cm
1 x weiß	70 cm
1 x weiß	80 cm
3 x weiß	90 cm
1 x weiß	100 cm
2 x grün	90 cm

◇• = RL
◇ = LR

(weiter bei ➝)

Mit diesen 2 weißen Fäden knüpft man immer LR-Knoten!

Internet Nr. 64

© 2004 Marina Ulmer
www.freundschaftsbaender.de

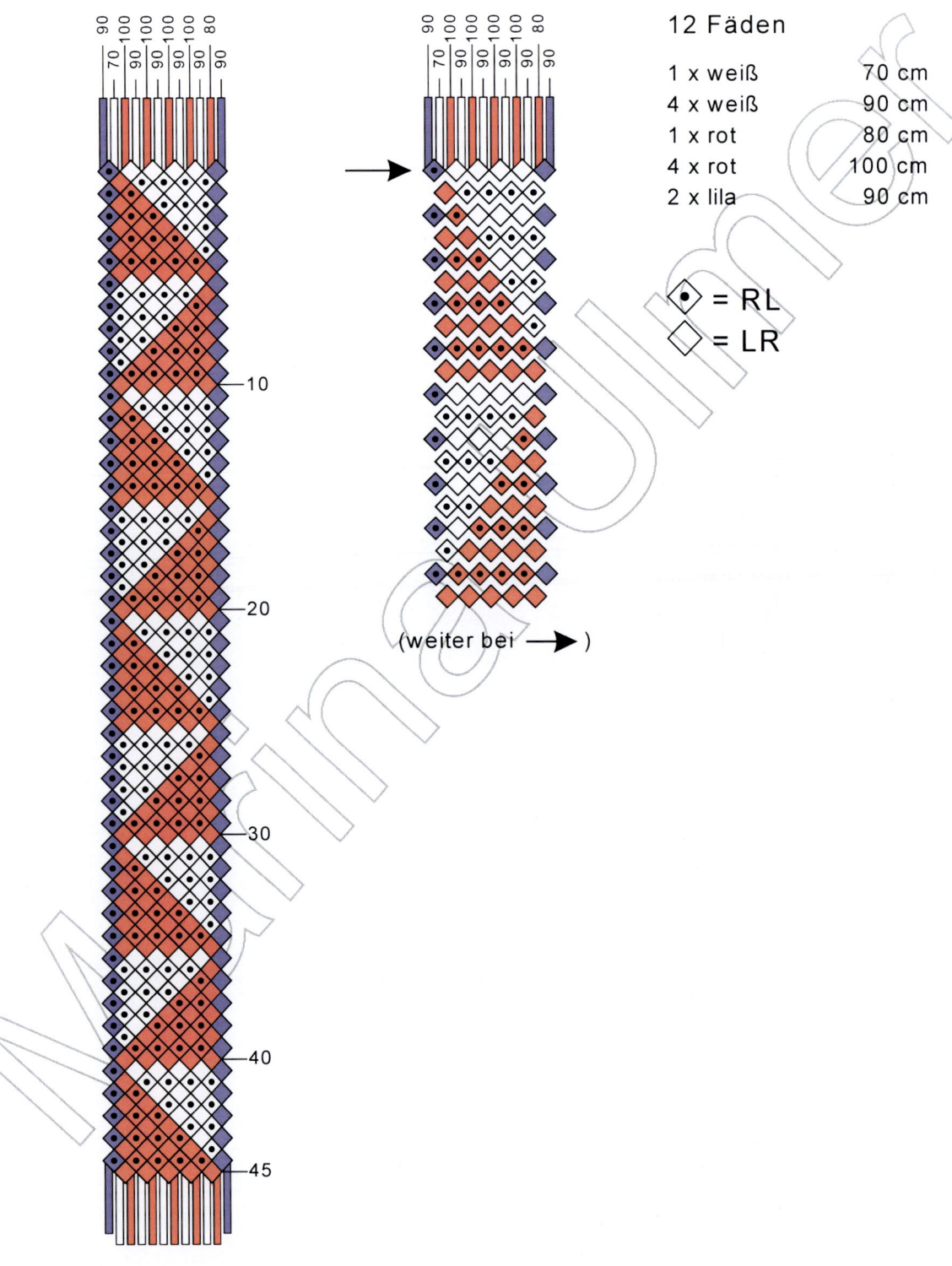

12 Fäden

1 x weiß 70 cm
4 x weiß 90 cm
1 x rot 80 cm
4 x rot 100 cm
2 x lila 90 cm

◆ = RL
◇ = LR

(weiter bei →)

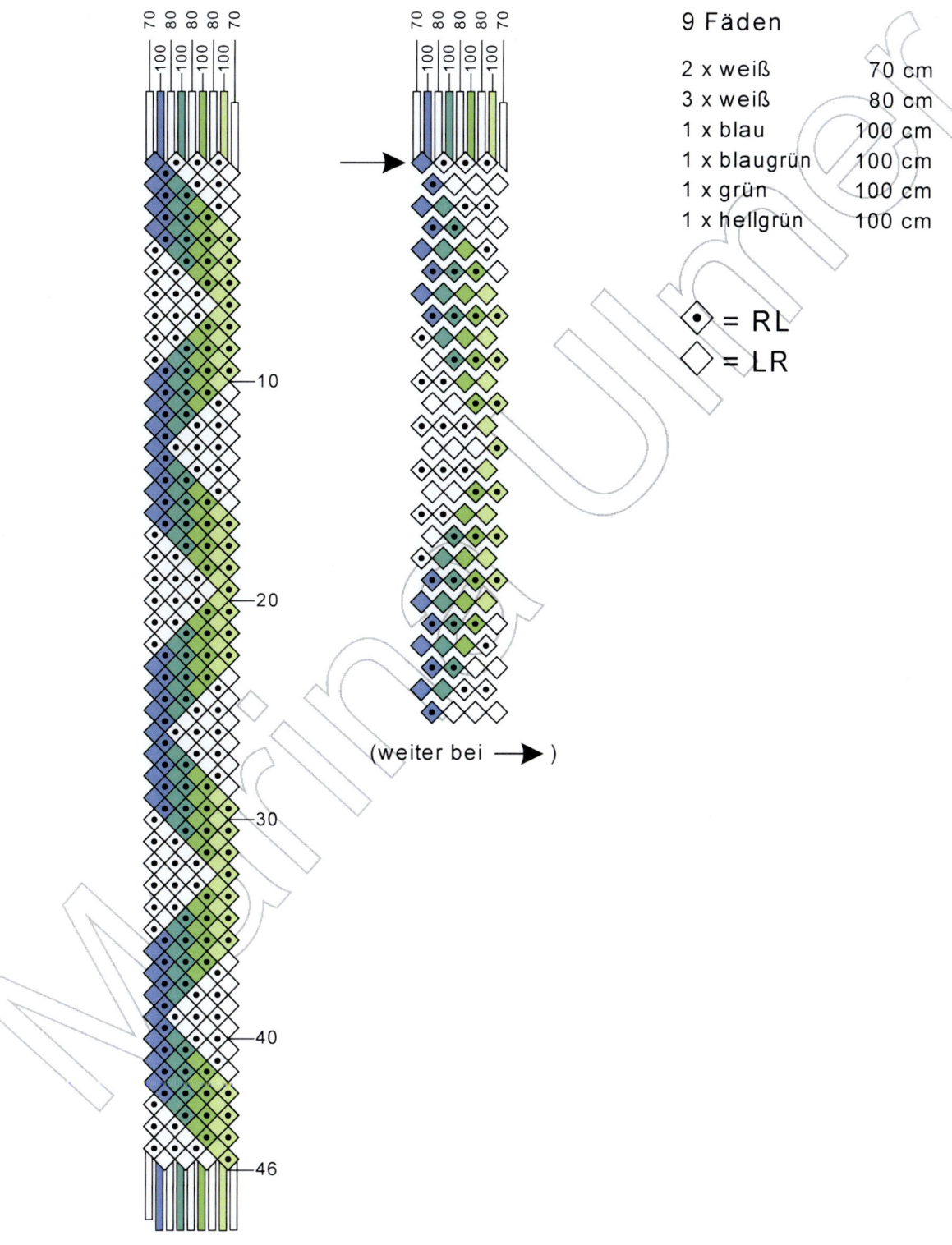

9 Fäden

2 x weiß 70 cm
3 x weiß 80 cm
1 x blau 100 cm
1 x blaugrün 100 cm
1 x grün 100 cm
1 x hellgrün 100 cm

◇• = RL
◇ = LR

(weiter bei →)

Internet Nr. 66

© 2004 Marina Ulmer
www.freundschaftsbaender.de

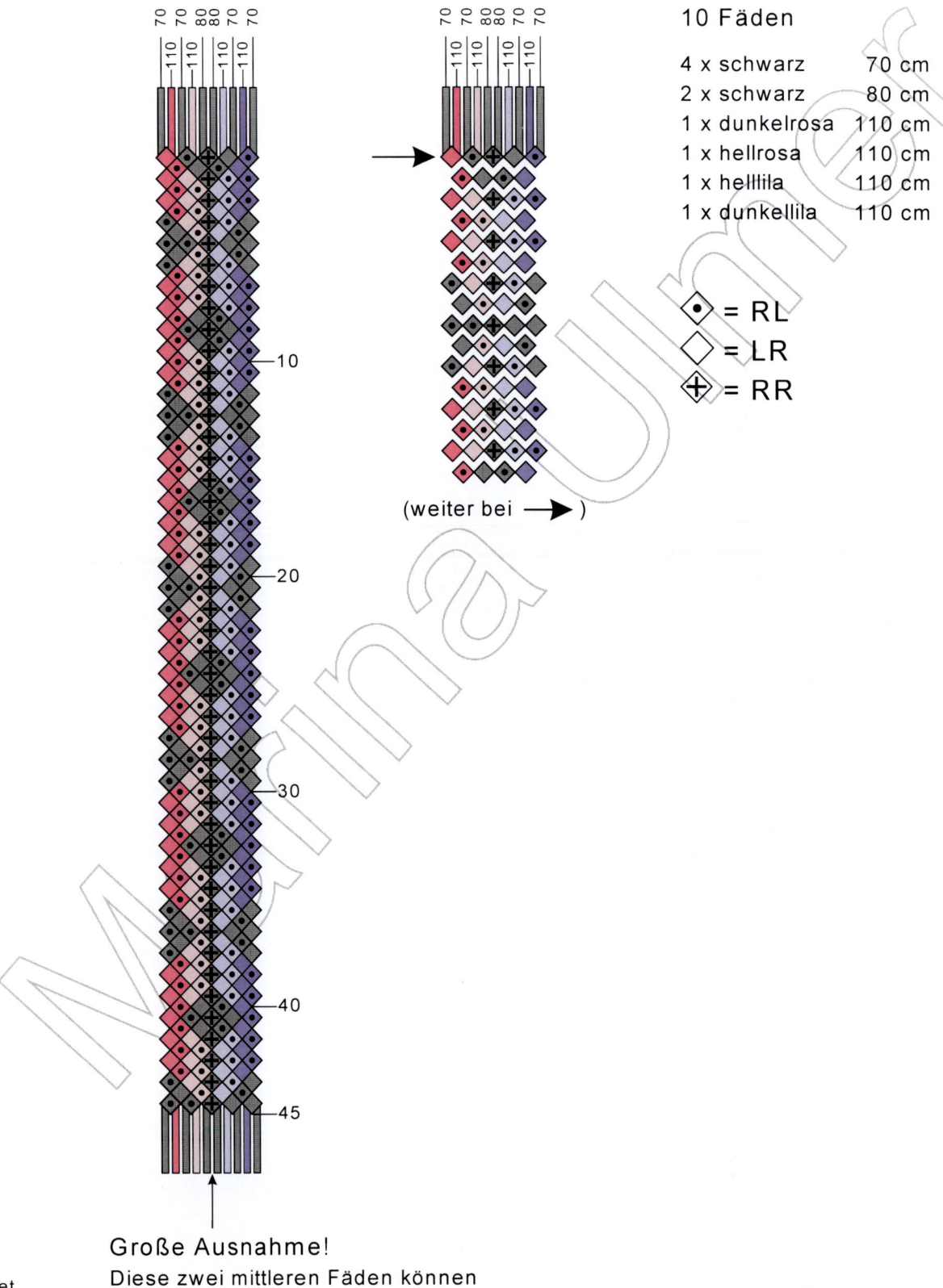

10 Fäden

4 x schwarz 70 cm
2 x schwarz 80 cm
1 x dunkelrosa 110 cm
1 x hellrosa 110 cm
1 x helllila 110 cm
1 x dunkellila 110 cm

◇• = RL
◇ = LR
⊕ = RR

(weiter bei ➝)

Große Ausnahme!
Diese zwei mittleren Fäden können
mit RR-Knoten gefertigt werden.

Internet Nr. 67

© 2004 Marina Ulmer
www.freundschaftsbaender.de

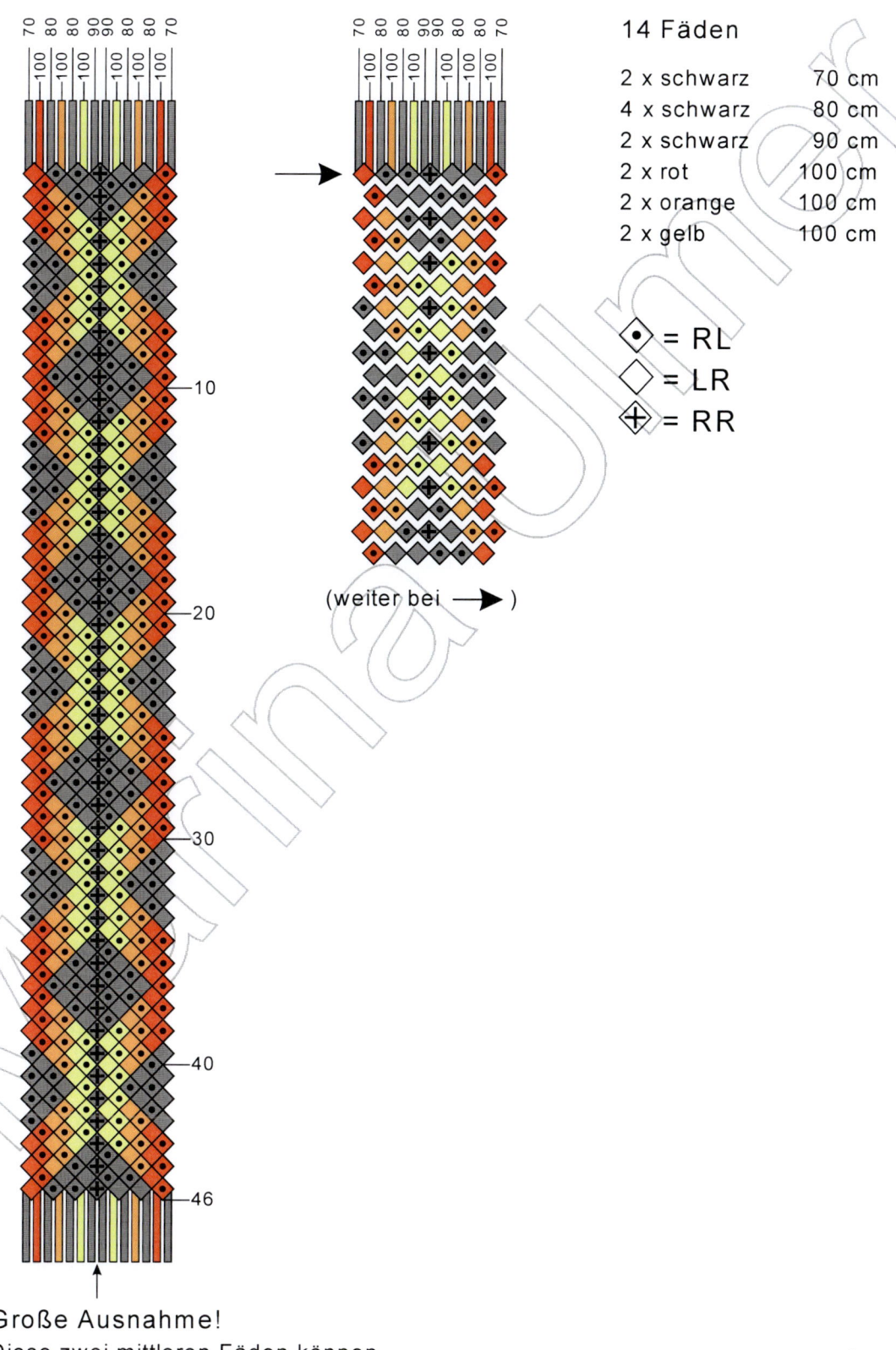

14 Fäden

2 x schwarz 70 cm
4 x schwarz 80 cm
2 x schwarz 90 cm
2 x rot 100 cm
2 x orange 100 cm
2 x gelb 100 cm

⬩ = RL
◇ = LR
⊕ = RR

(weiter bei →)

Große Ausnahme!
Diese zwei mittleren Fäden können mit RR-Knoten gefertigt werden.

Internet Nr. 68

© 2004 Marina Ulmer
www.freundschaftsbaender.de

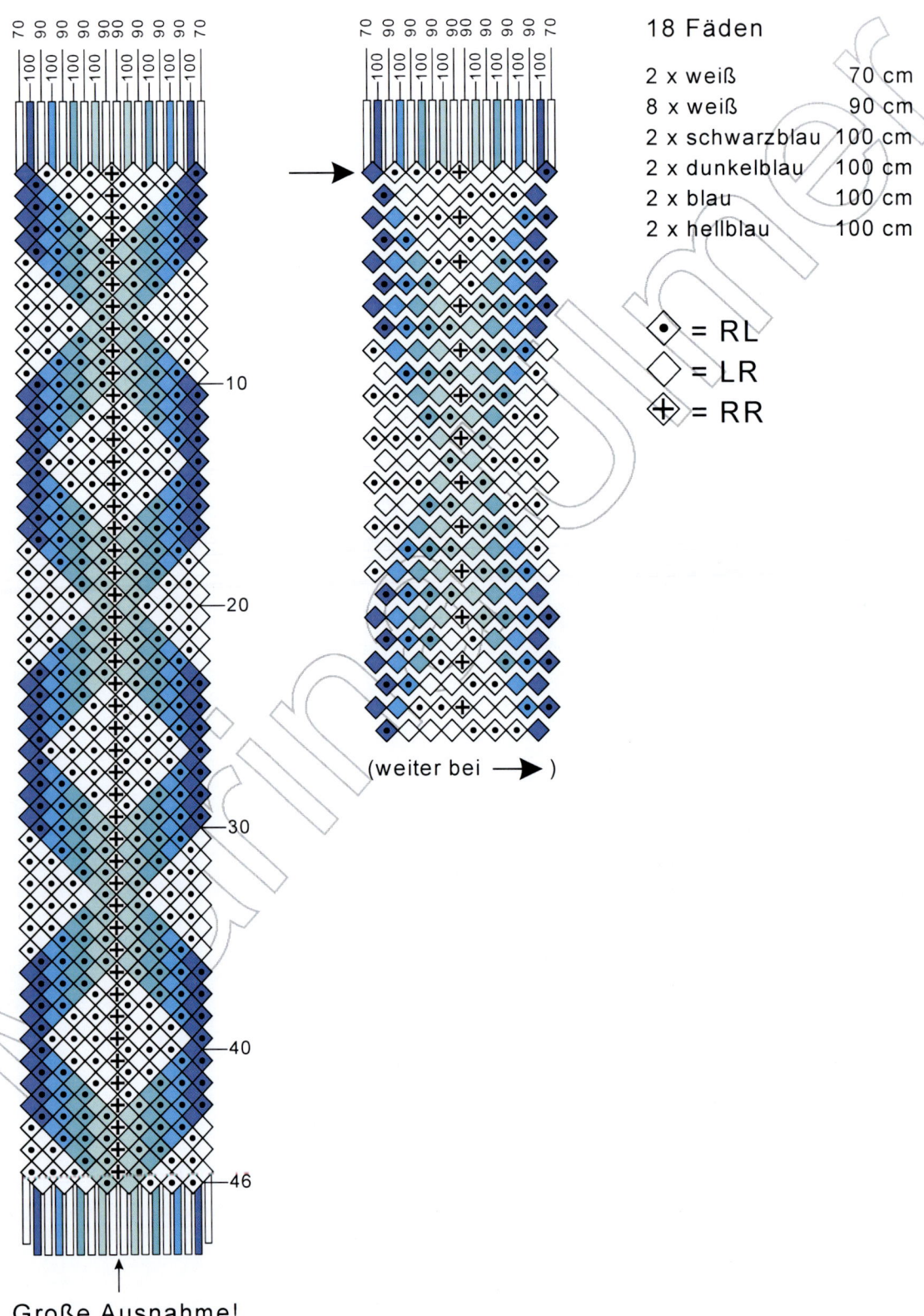

18 Fäden

2 x weiß 70 cm
8 x weiß 90 cm
2 x schwarzblau 100 cm
2 x dunkelblau 100 cm
2 x blau 100 cm
2 x hellblau 100 cm

⬥ = RL
◇ = LR
⊕ = RR

(weiter bei →)

Große Ausnahme!
Diese zwei mittleren Fäden können mit RR-Knoten gefertigt werden.

Internet Nr. 69

9

© 2004 Marina Ulmer
www.freundschaftsbaender.de

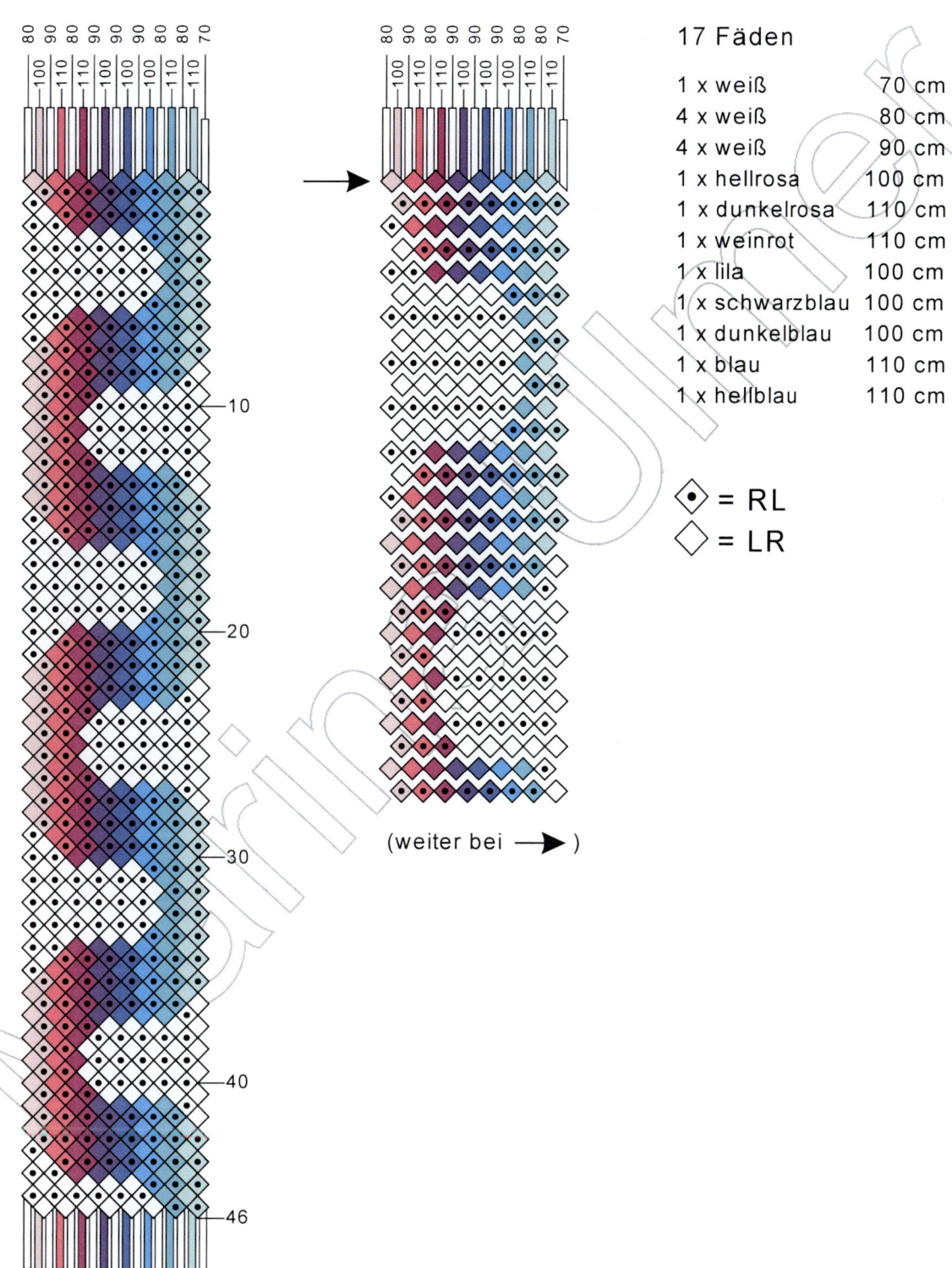

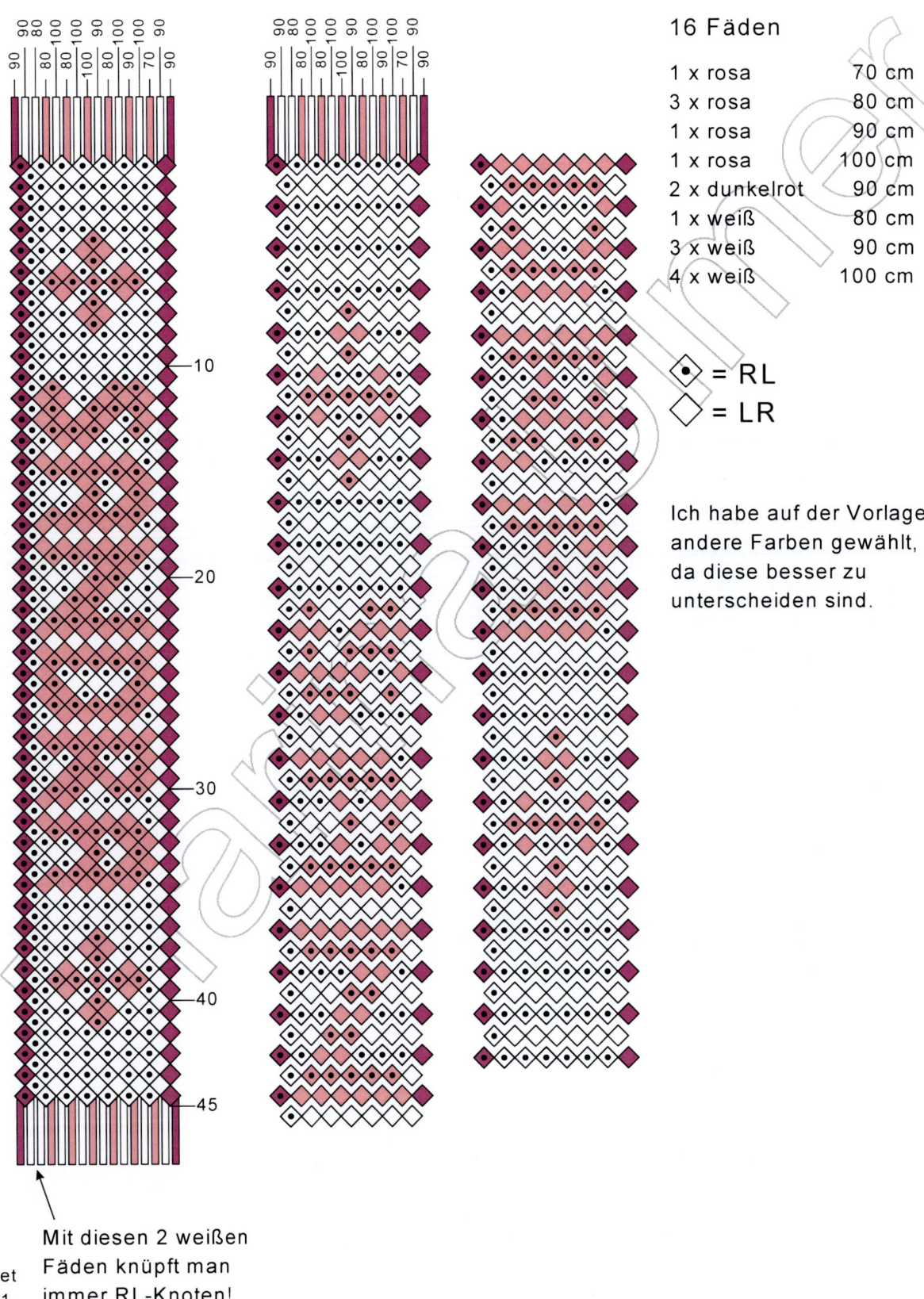

16 Fäden

1 x rosa	70 cm
3 x rosa	80 cm
1 x rosa	90 cm
1 x rosa	100 cm
2 x dunkelrot	90 cm
1 x weiß	80 cm
3 x weiß	90 cm
4 x weiß	100 cm

◇• = RL

◇ = LR

Ich habe auf der Vorlage andere Farben gewählt, da diese besser zu unterscheiden sind.

Mit diesen 2 weißen Fäden knüpft man immer RL-Knoten!

Internet Nr. 71

© 2004 Marina Ulmer
www.freundschaftsbaender.de

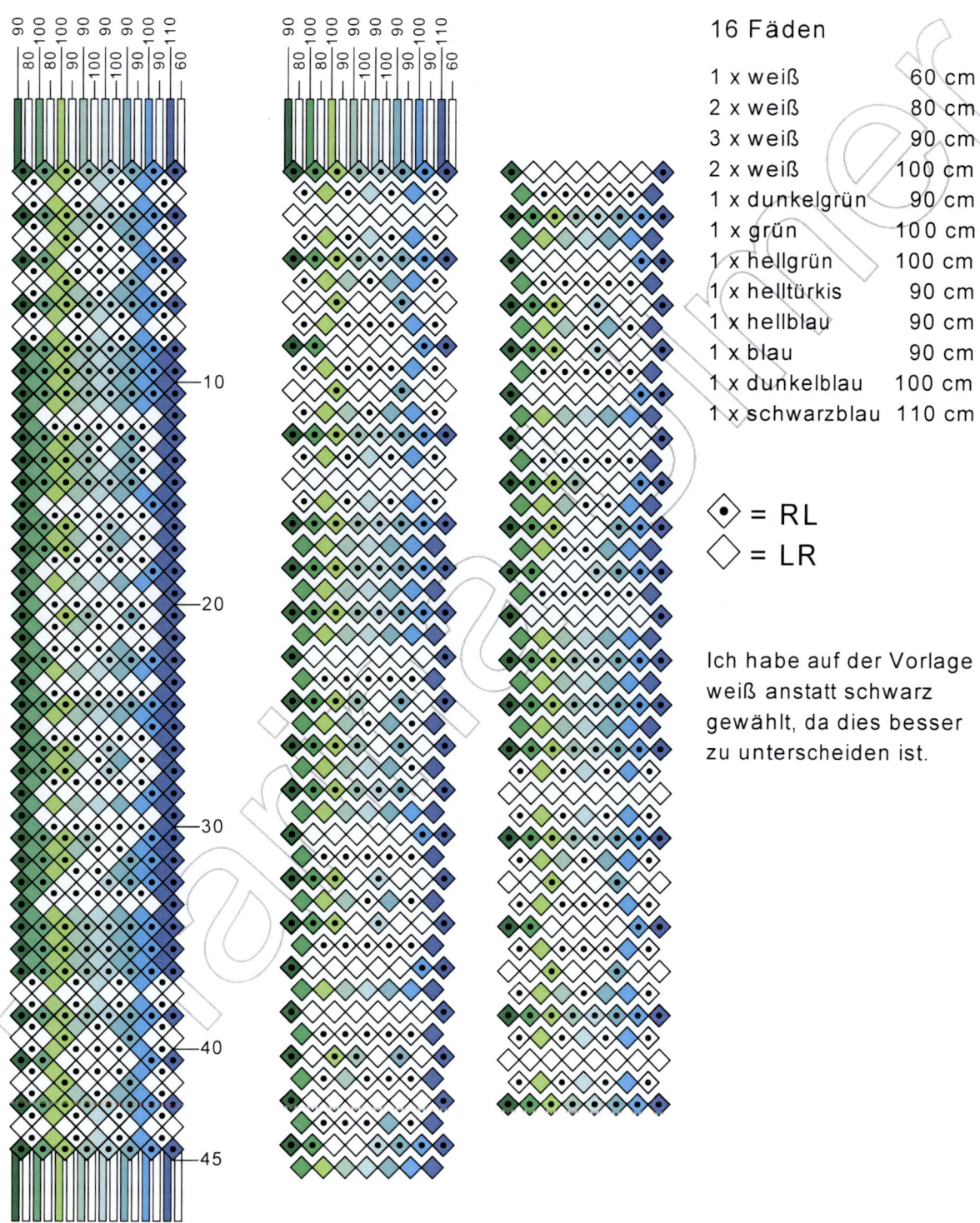

16 Fäden

1 x weiß	60 cm
2 x weiß	80 cm
3 x weiß	90 cm
2 x weiß	100 cm
1 x dunkelgrün	90 cm
1 x grün	100 cm
1 x hellgrün	100 cm
1 x helltürkis	90 cm
1 x hellblau	90 cm
1 x blau	90 cm
1 x dunkelblau	100 cm
1 x schwarzblau	110 cm

◇• = RL
◇ = LR

Ich habe auf der Vorlage weiß anstatt schwarz gewählt, da dies besser zu unterscheiden ist.

Internet Nr. 72

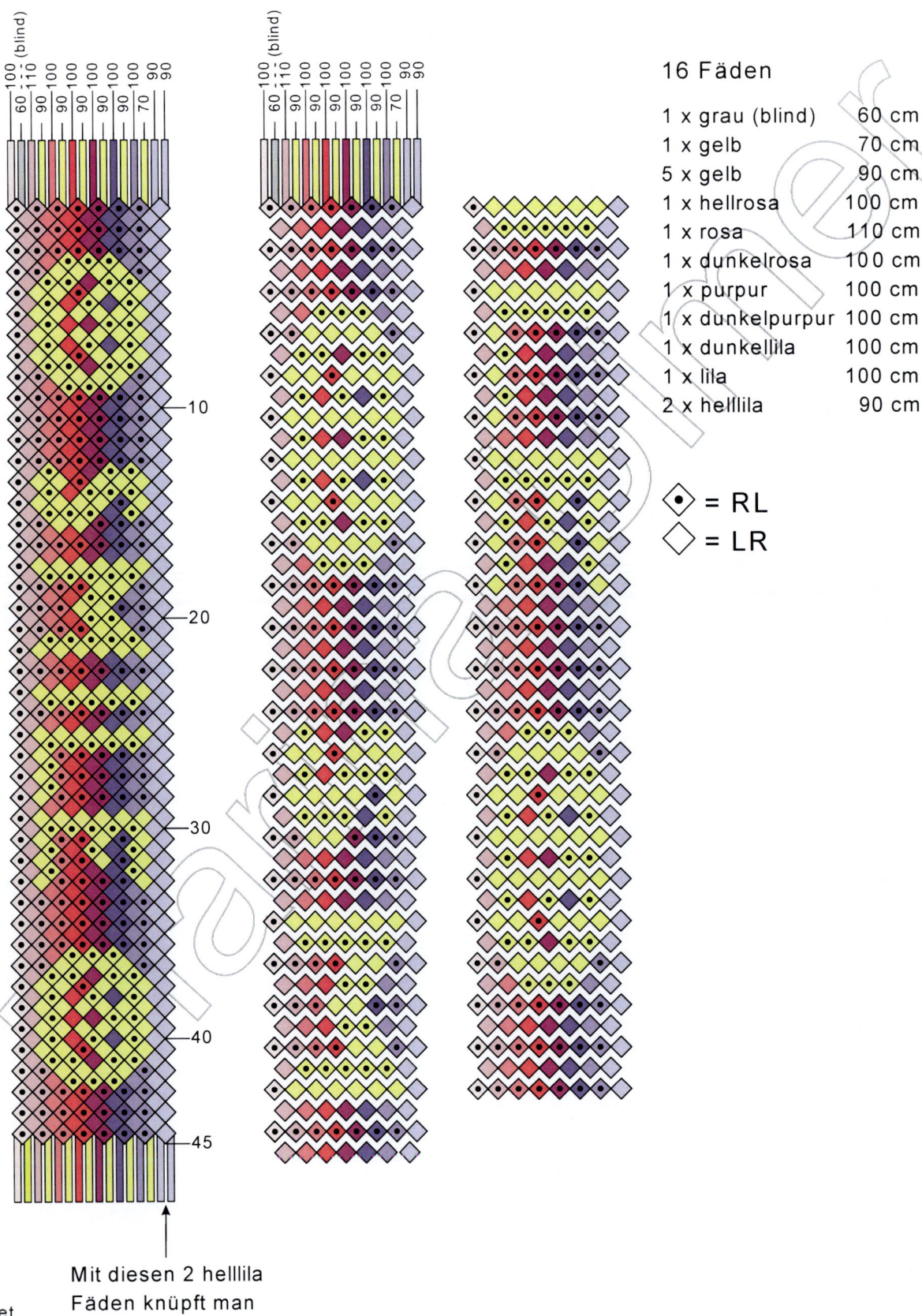

16 Fäden

1 x grau (blind)	60 cm
1 x gelb	70 cm
5 x gelb	90 cm
1 x hellrosa	100 cm
1 x rosa	110 cm
1 x dunkelrosa	100 cm
1 x purpur	100 cm
1 x dunkelpurpur	100 cm
1 x dunkellila	100 cm
1 x lila	100 cm
2 x helllila	90 cm

◇• = RL
◇ = LR

Mit diesen 2 helllila Fäden knüpft man immer LR-Knoten!

Internet Nr. 73

© 2004 Marina Ulmer
www.freundschaftsbaender.de

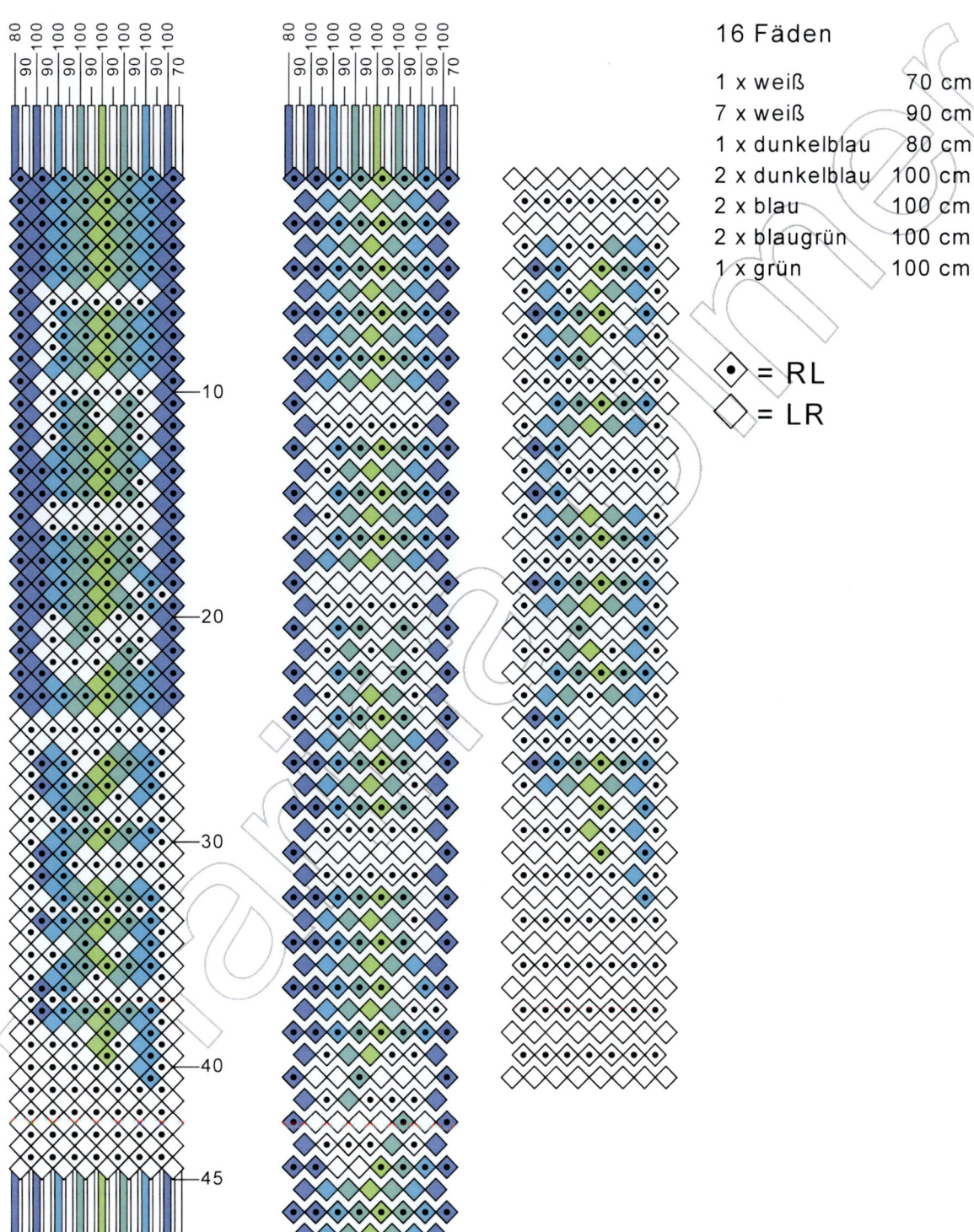

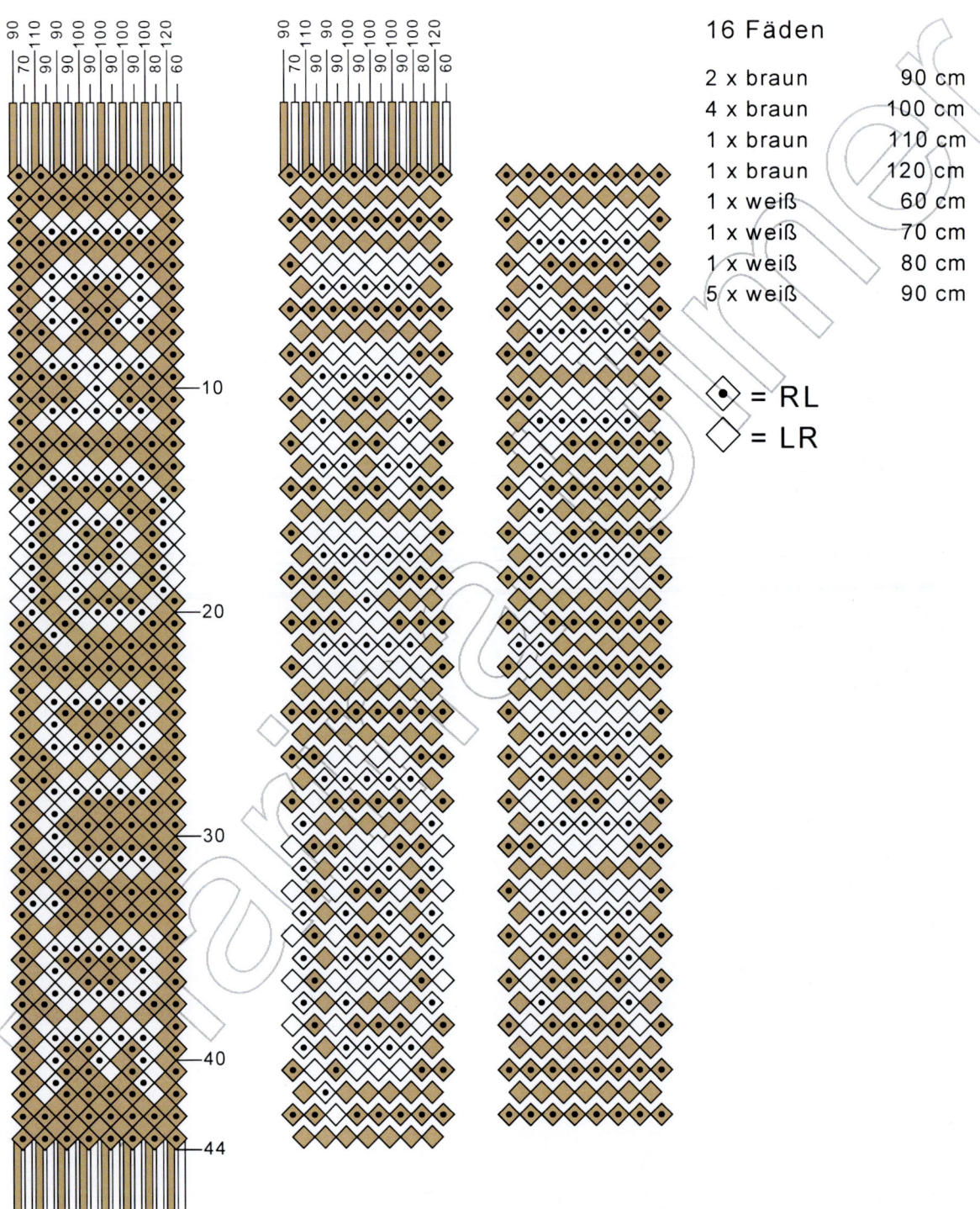

16 Fäden

2 x braun	90 cm
4 x braun	100 cm
1 x braun	110 cm
1 x braun	120 cm
1 x weiß	60 cm
1 x weiß	70 cm
1 x weiß	80 cm
5 x weiß	90 cm

◇• = RL
◇ = LR

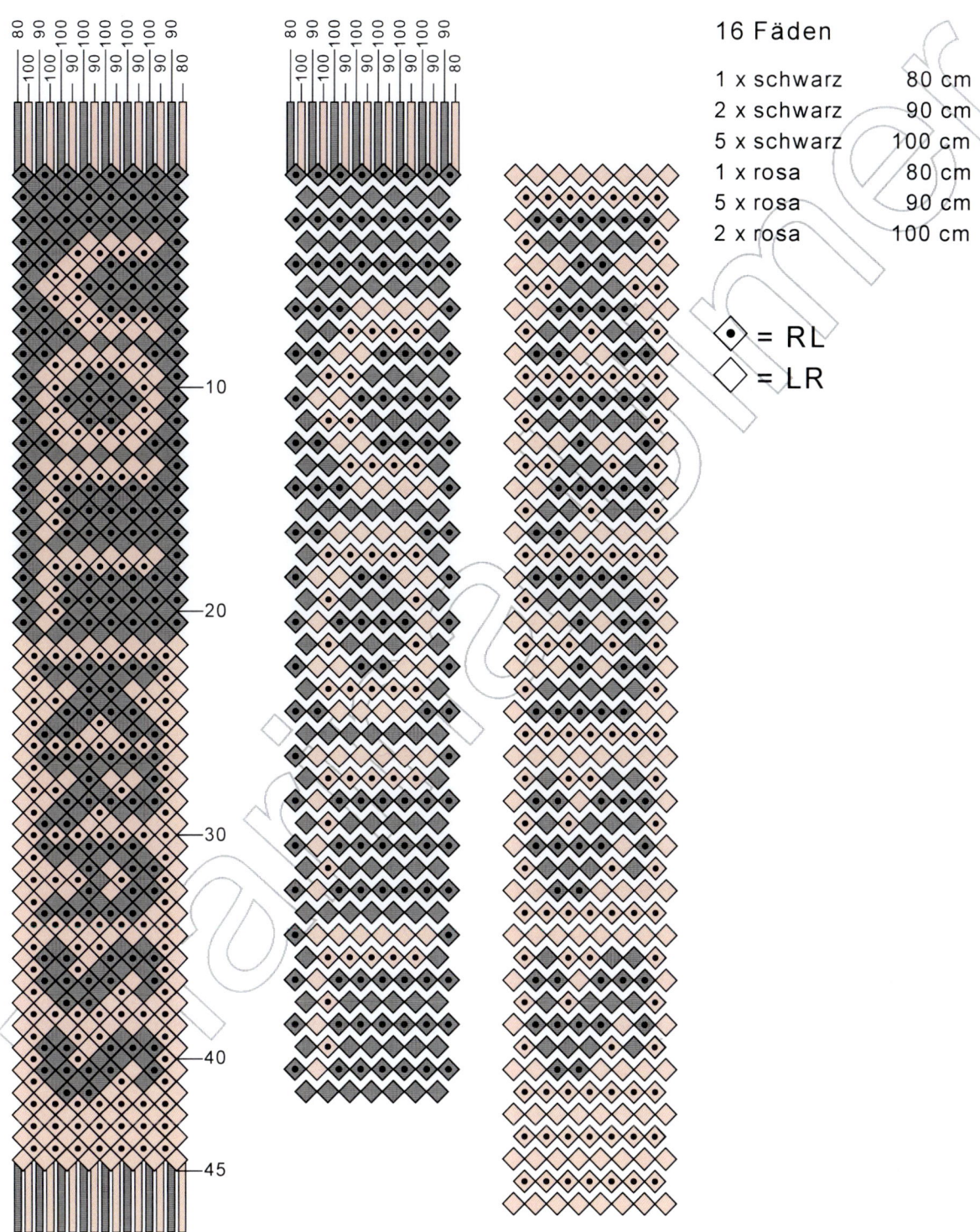

16 Fäden

1 x schwarz 80 cm
2 x schwarz 90 cm
5 x schwarz 100 cm
1 x rosa 80 cm
5 x rosa 90 cm
2 x rosa 100 cm

◇• = RL
◇ = LR

Internet
Nr. 76

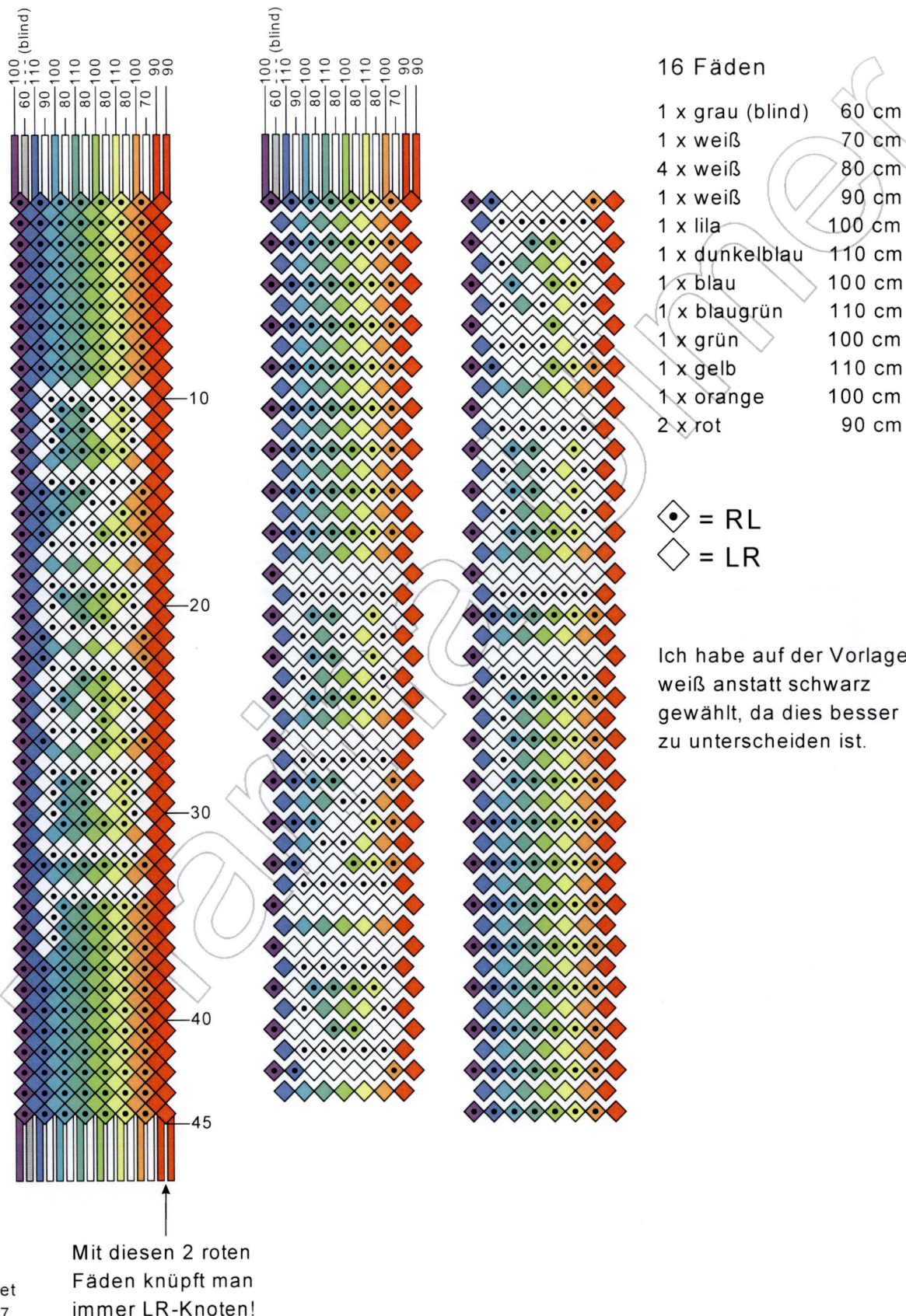

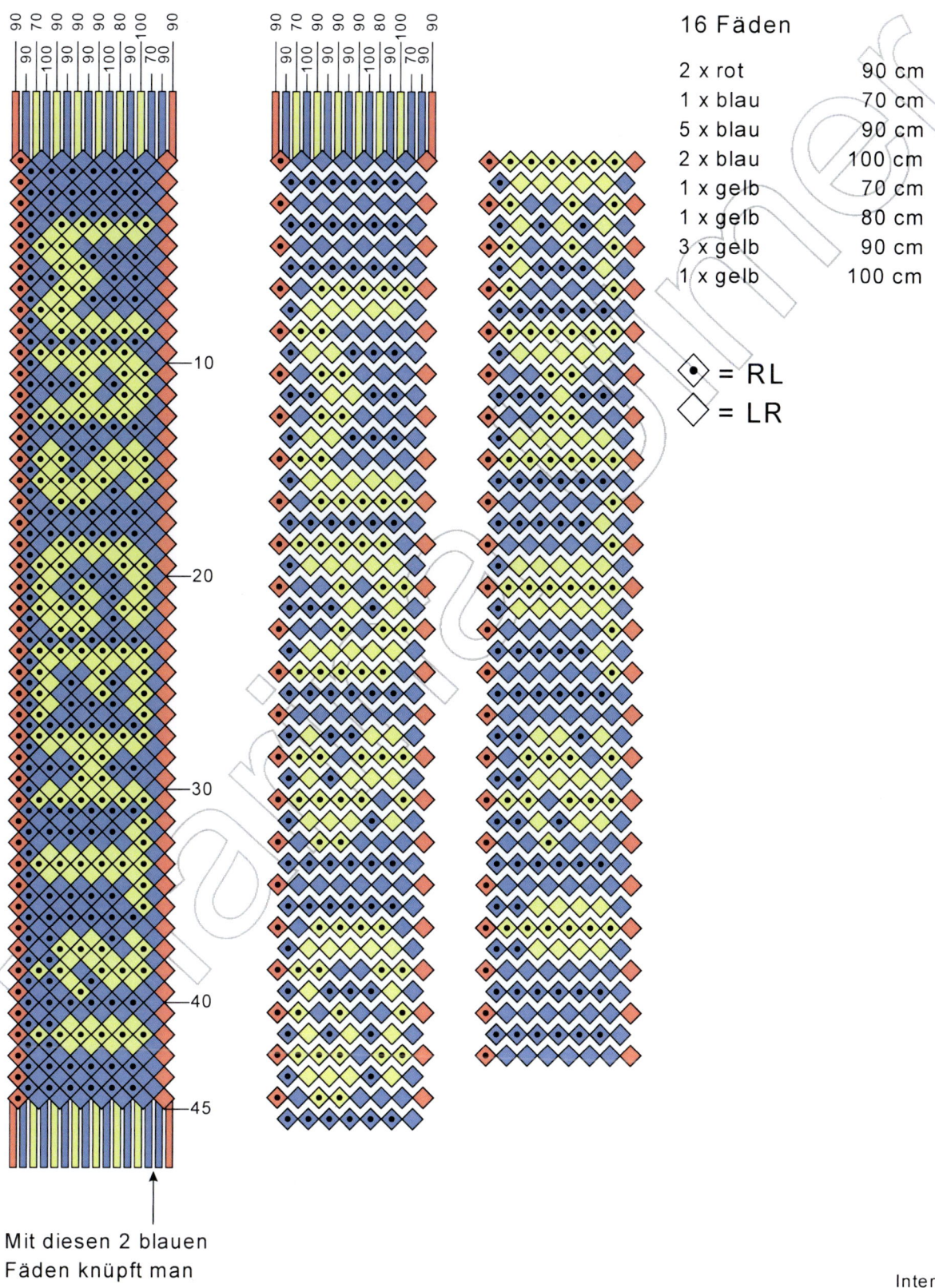

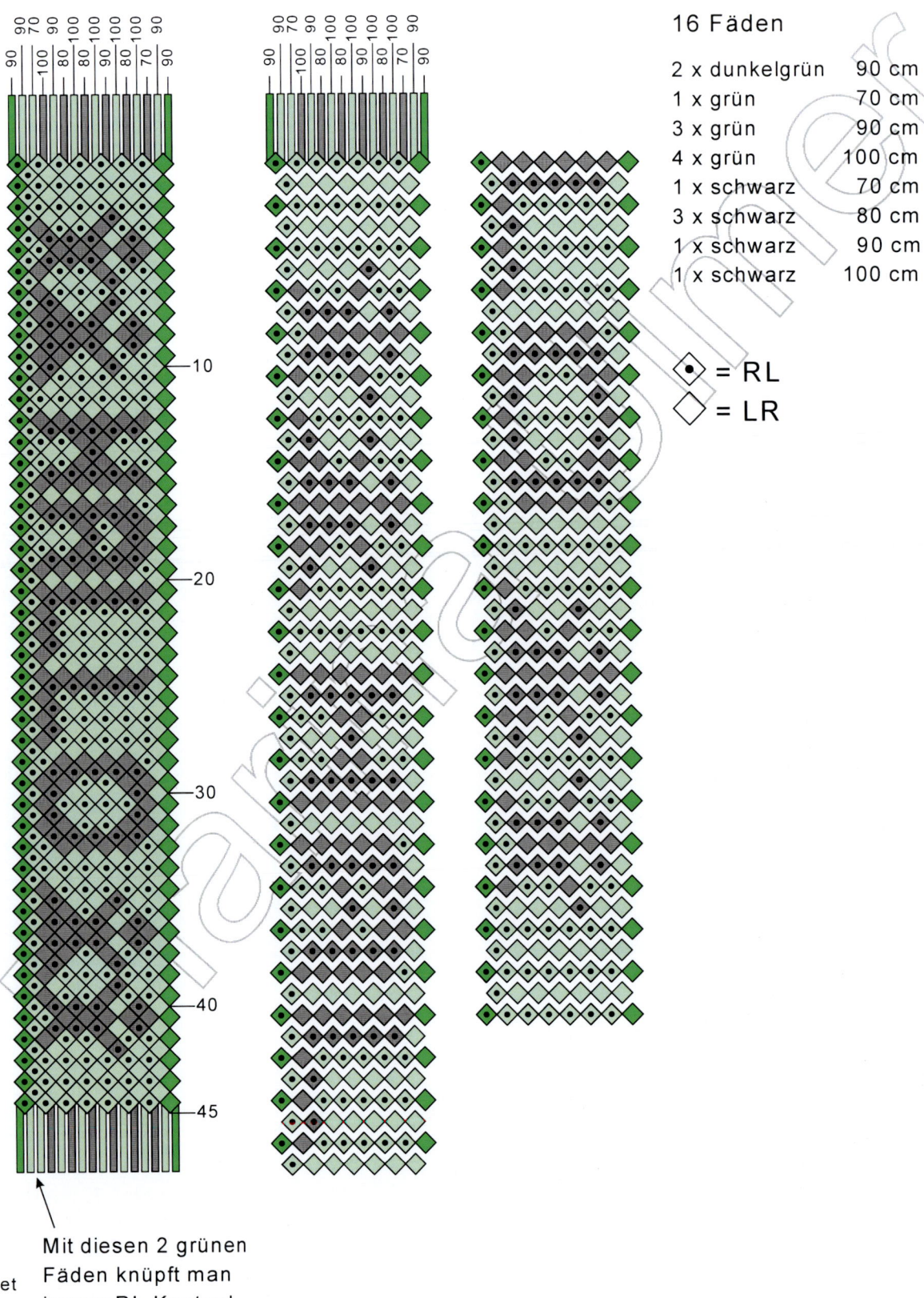

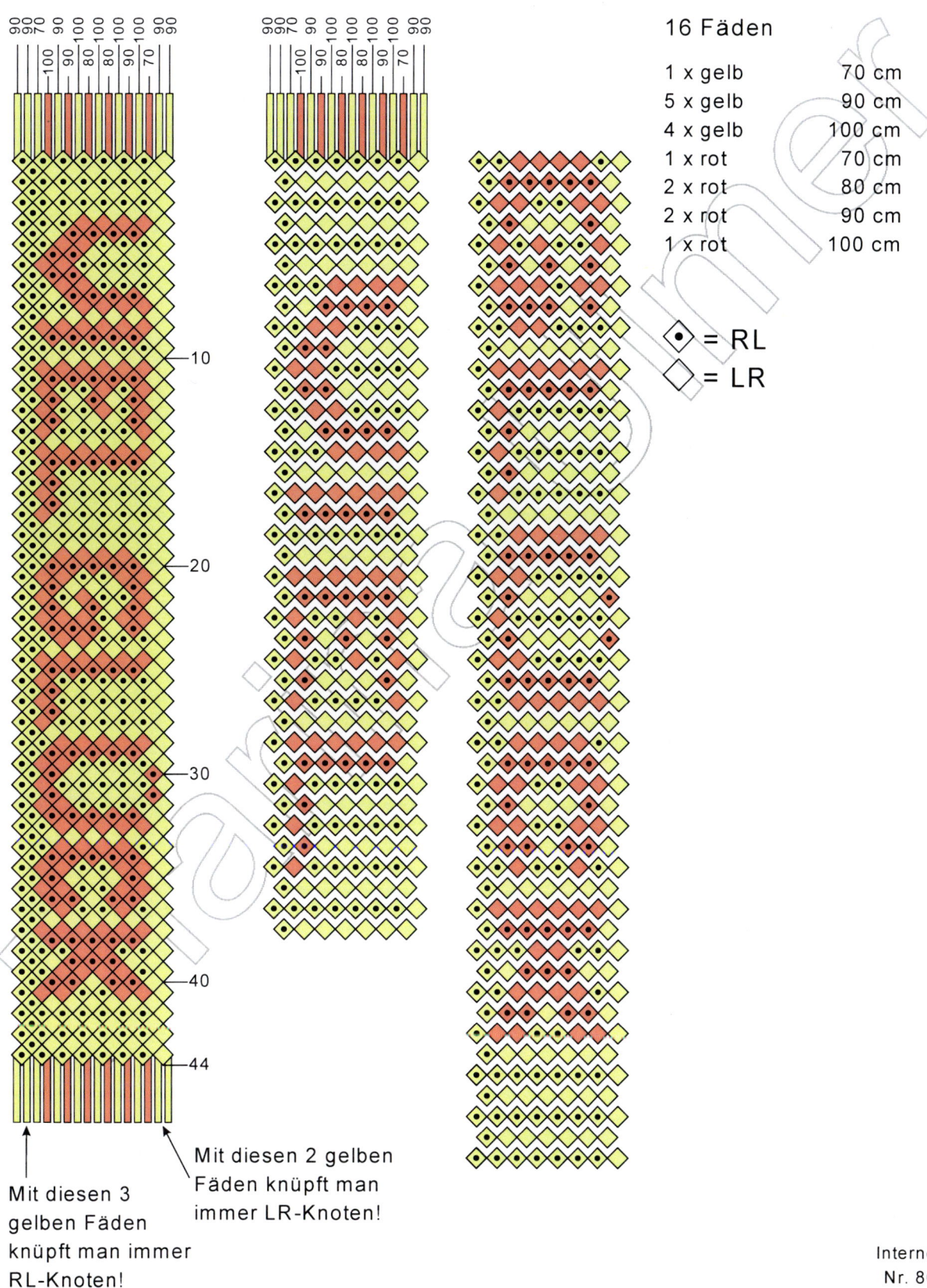

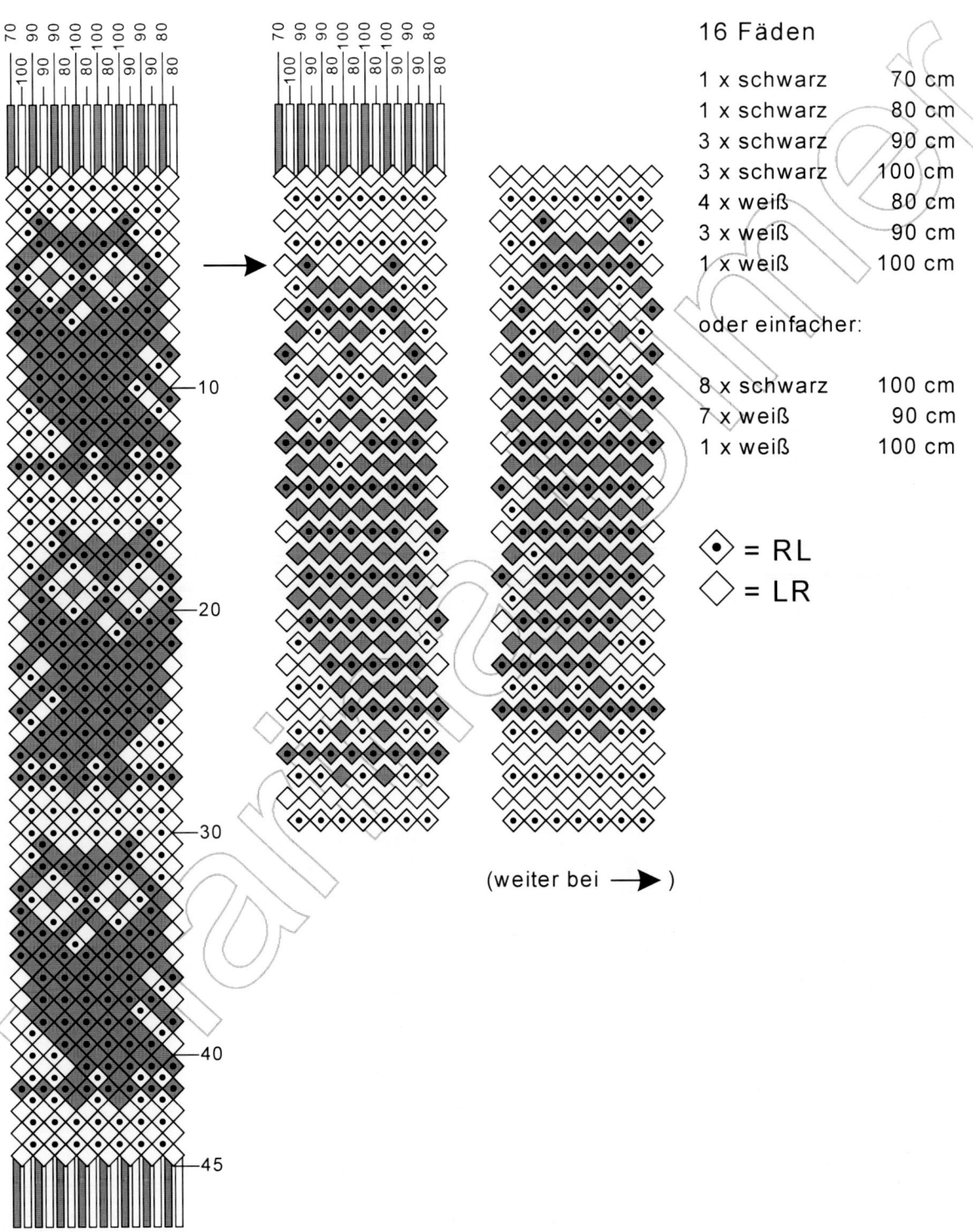

16 Fäden

1 x schwarz	70 cm
1 x schwarz	80 cm
3 x schwarz	90 cm
3 x schwarz	100 cm
4 x weiß	80 cm
3 x weiß	90 cm
1 x weiß	100 cm

oder einfacher:

8 x schwarz	100 cm
7 x weiß	90 cm
1 x weiß	100 cm

◆ = RL
◇ = LR

(weiter bei ➝)

Internet
Nr. 81

16 Fäden

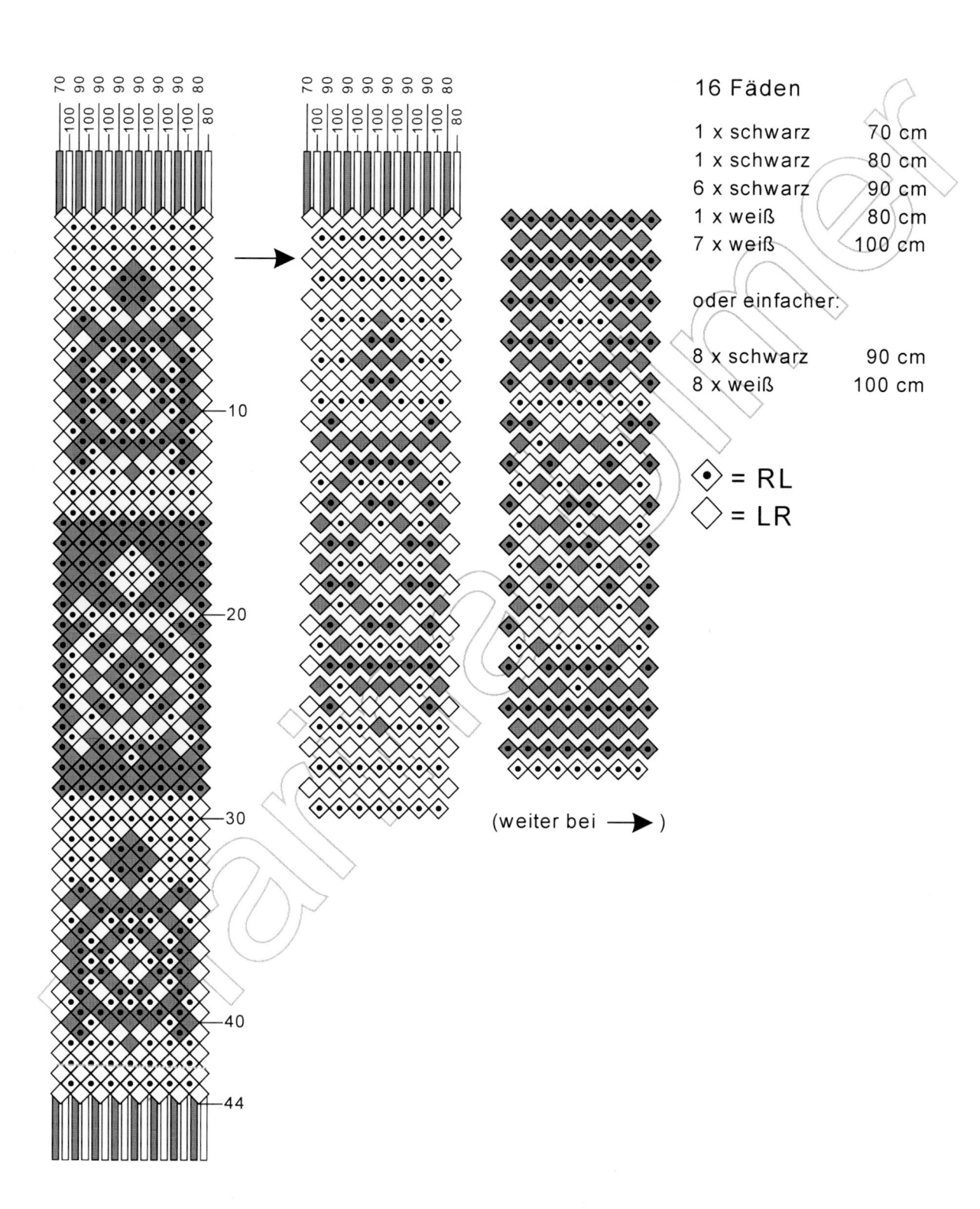

1 x schwarz 70 cm
1 x schwarz 80 cm
6 x schwarz 90 cm
1 x weiß 80 cm
7 x weiß 100 cm

oder einfacher:

8 x schwarz 90 cm
8 x weiß 100 cm

◇• = RL
◇ = LR

(weiter bei ➝)

Internet Nr. 82

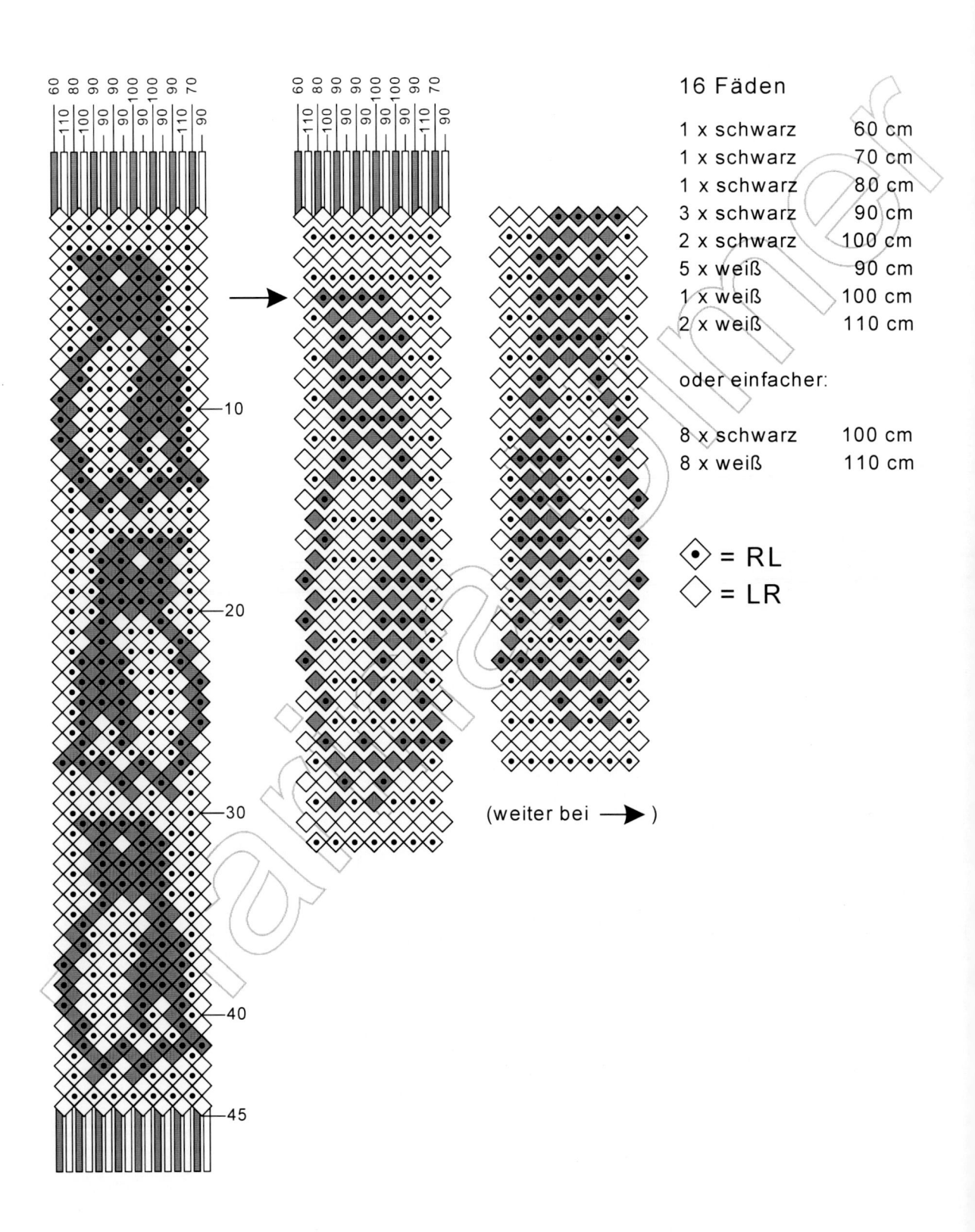

16 Fäden

1 x schwarz 60 cm
1 x schwarz 70 cm
1 x schwarz 80 cm
3 x schwarz 90 cm
2 x schwarz 100 cm
5 x weiß 90 cm
1 x weiß 100 cm
2 x weiß 110 cm

oder einfacher:

8 x schwarz 100 cm
8 x weiß 110 cm

◇• = RL
◇ = LR

(weiter bei ➙)

Internet
Nr. 83

© 2004 Marina Ulmer
www.freundschaftsbaender.de

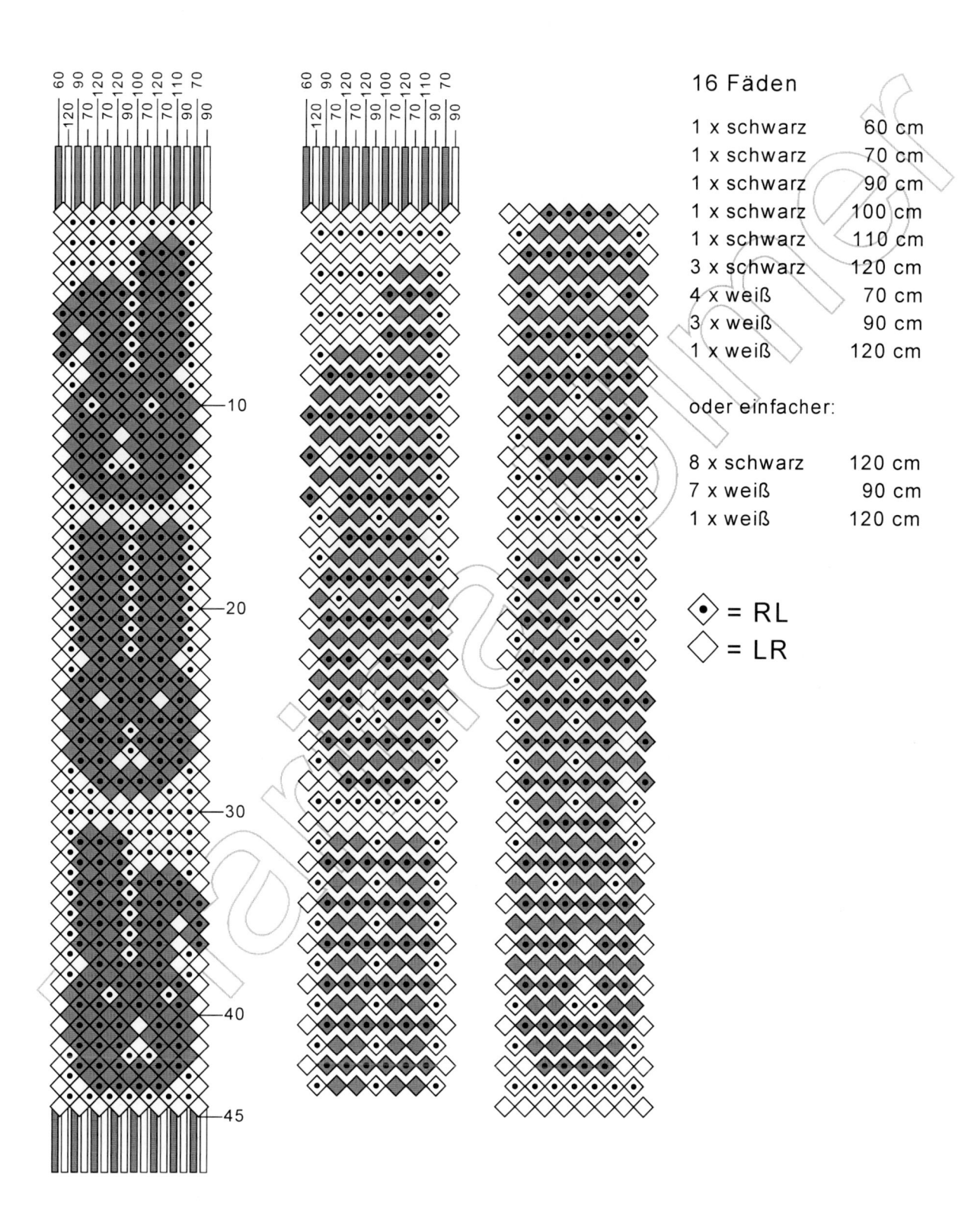

16 Fäden

1 x	schwarz	60 cm
1 x	schwarz	70 cm
1 x	schwarz	90 cm
1 x	schwarz	100 cm
1 x	schwarz	110 cm
3 x	schwarz	120 cm
4 x	weiß	70 cm
3 x	weiß	90 cm
1 x	weiß	120 cm

oder einfacher:

8 x	schwarz	120 cm
7 x	weiß	90 cm
1 x	weiß	120 cm

◆ = RL
◇ = LR

Internet
Nr. 84

© 2004 Marina Ulmer
www.freundschaftsbaender.de

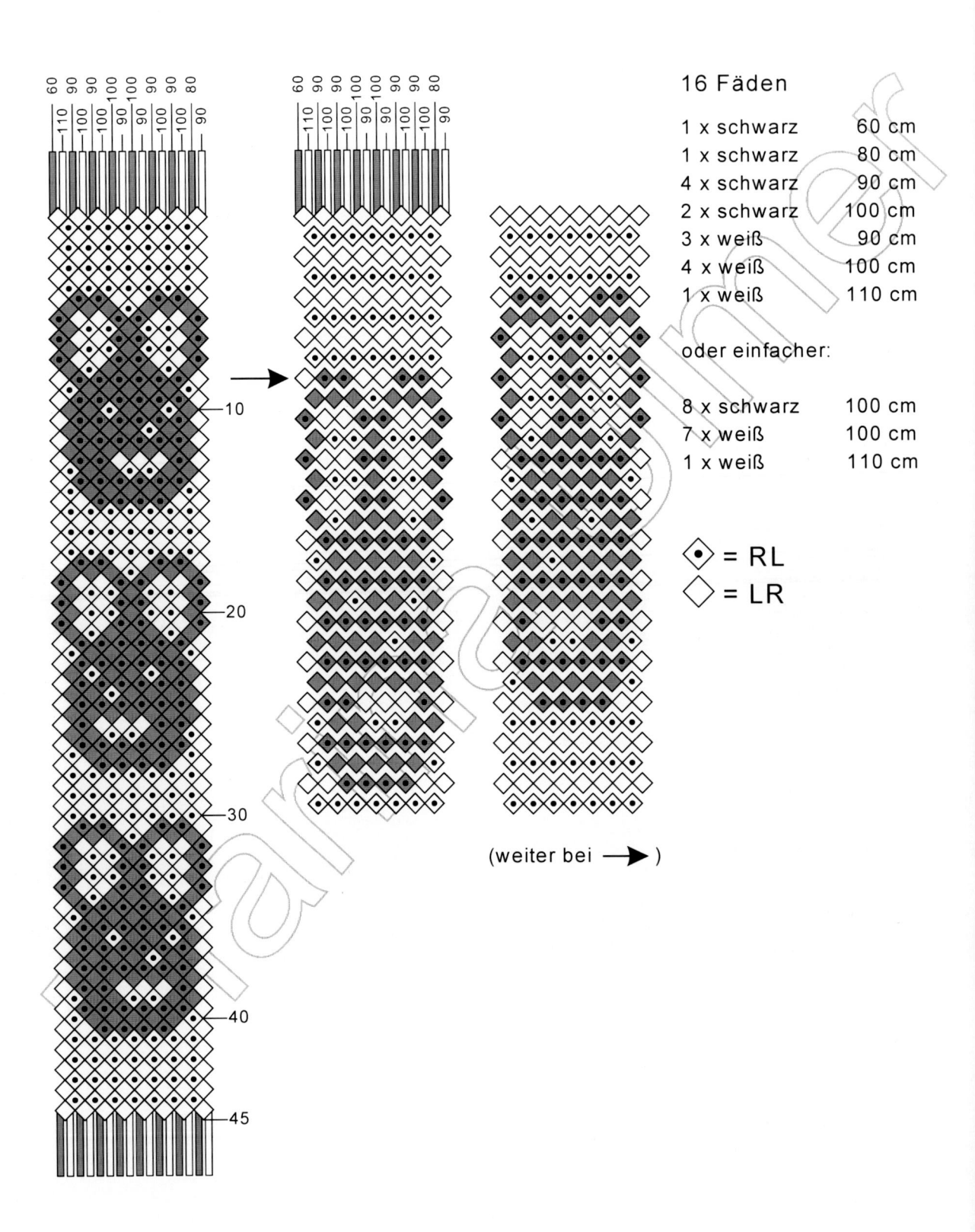

16 Fäden

1 x schwarz	60 cm
1 x schwarz	80 cm
4 x schwarz	90 cm
2 x schwarz	100 cm
3 x weiß	90 cm
4 x weiß	100 cm
1 x weiß	110 cm

oder einfacher:

8 x schwarz	100 cm
7 x weiß	100 cm
1 x weiß	110 cm

◆ = RL
◇ = LR

(weiter bei ➙)

Internet
Nr. 85

© 2004 Marina Ulmer
www.freundschaftsbaender.de

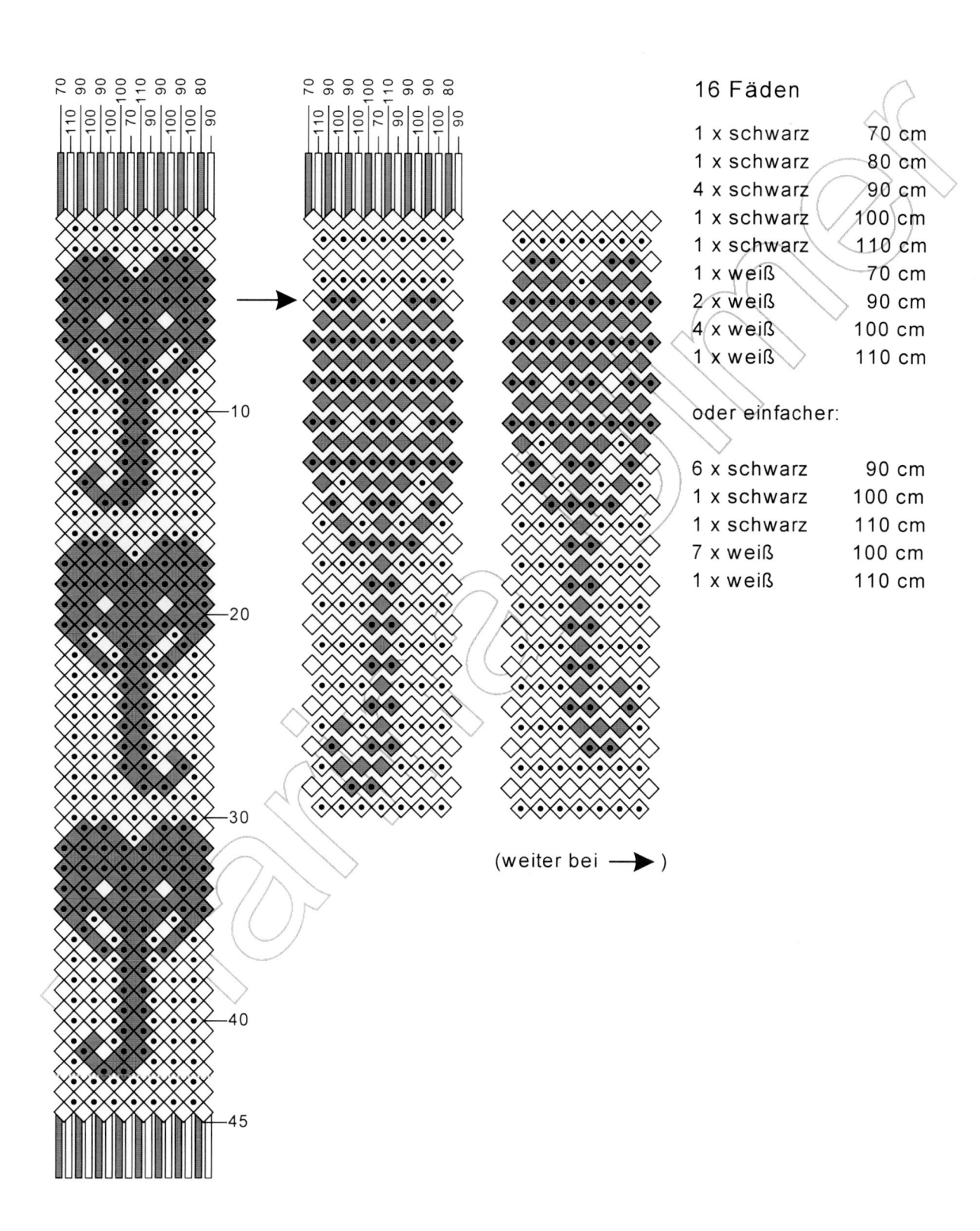

16 Fäden

1 x schwarz 70 cm
1 x schwarz 80 cm
4 x schwarz 90 cm
1 x schwarz 100 cm
1 x schwarz 110 cm
1 x weiß 70 cm
2 x weiß 90 cm
4 x weiß 100 cm
1 x weiß 110 cm

oder einfacher:

6 x schwarz 90 cm
1 x schwarz 100 cm
1 x schwarz 110 cm
7 x weiß 100 cm
1 x weiß 110 cm

(weiter bei ➤)

Internet
Nr. 86

© 2004 Marina Ulmer
www.freundschaftsbaender.de

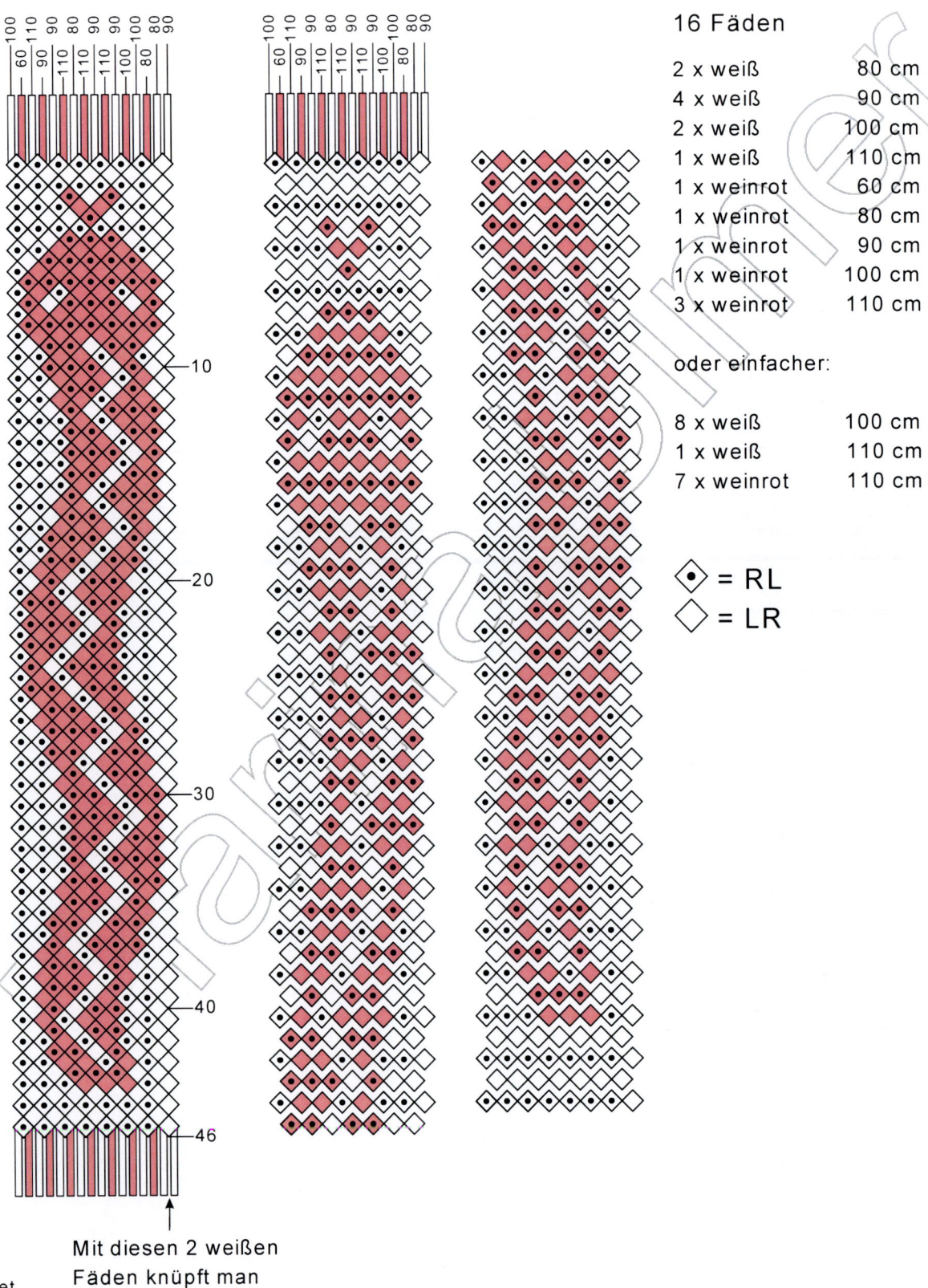

16 Fäden

2 x weiß	80 cm
4 x weiß	90 cm
2 x weiß	100 cm
1 x weiß	110 cm
1 x weinrot	60 cm
1 x weinrot	80 cm
1 x weinrot	90 cm
1 x weinrot	100 cm
3 x weinrot	110 cm

oder einfacher:

8 x weiß	100 cm
1 x weiß	110 cm
7 x weinrot	110 cm

◆ = RL
◇ = LR

Mit diesen 2 weißen Fäden knüpft man immer LR-Knoten!

Internet Nr. 87

© 2004 Marina Ulmer
www.freundschaftsbaender.de

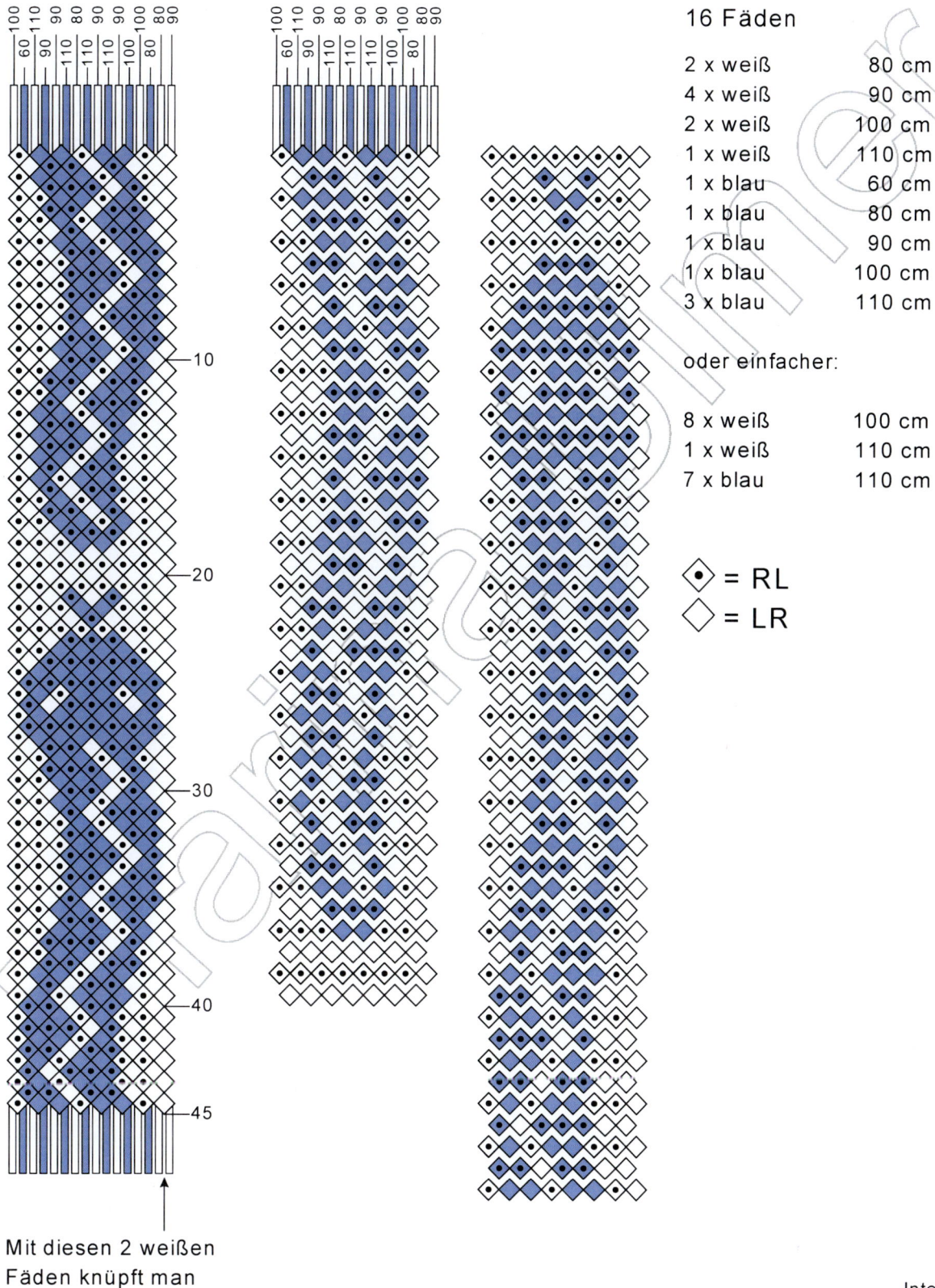

16 Fäden

2 x weiß	80 cm
4 x weiß	90 cm
2 x weiß	100 cm
1 x weiß	110 cm
1 x blau	60 cm
1 x blau	80 cm
1 x blau	90 cm
1 x blau	100 cm
3 x blau	110 cm

oder einfacher:

8 x weiß	100 cm
1 x weiß	110 cm
7 x blau	110 cm

◆ = RL
◇ = LR

Mit diesen 2 weißen Fäden knüpft man immer LR-Knoten!

© 2004 Marina Ulmer
www.freundschaftsbaender.de

Internet Nr. 88

28

16 Fäden

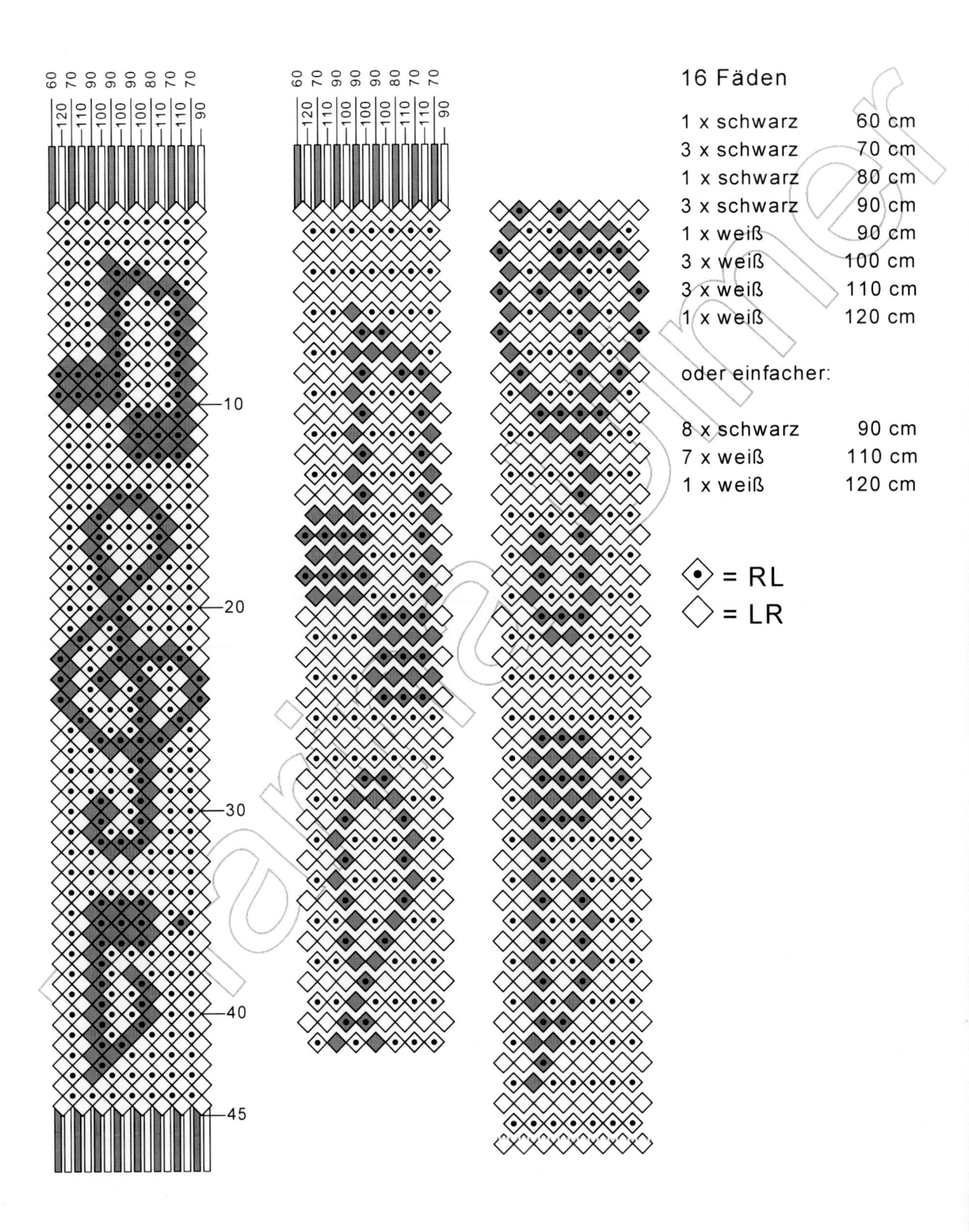

1 x schwarz   60 cm
3 x schwarz   70 cm
1 x schwarz   80 cm
3 x schwarz   90 cm
1 x weiß   90 cm
3 x weiß   100 cm
3 x weiß   110 cm
1 x weiß   120 cm

oder einfacher:

8 x schwarz   90 cm
7 x weiß   110 cm
1 x weiß   120 cm

◇• = RL
◇ = LR

Runen

16 Fäden

Anzahl	Farbe	Länge
3 x	schwarz	60 cm
1 x	schwarz	70 cm
2 x	schwarz	80 cm
2 x	schwarz	90 cm
3 x	weiß	90 cm
1 x	weiß	100 cm
2 x	weiß	110 cm
1 x	weiß	120 cm
1 x	weiß	130 cm

oder einfacher:

Anzahl	Farbe	Länge
8 x	schwarz	90 cm
7 x	weiß	120 cm
1 x	weiß	130 cm

◆ (mit Punkt) = RL
◇ = LR

Mit diesen 2 weißen Fäden knüpft man immer LR-Knoten!

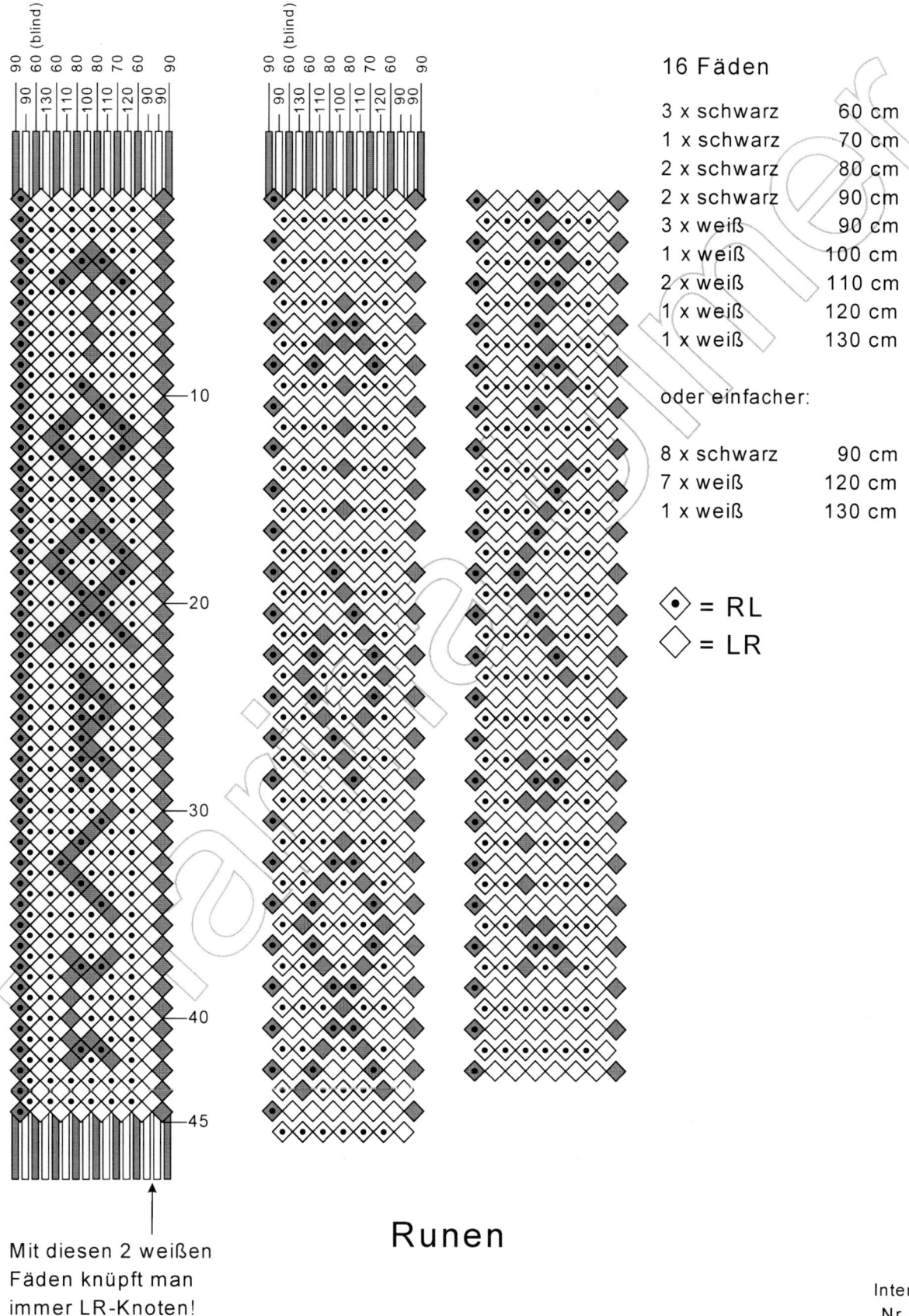

© 2004 Marina Ulmer
www.freundschaftsbaender.de

Internet Nr. 90

16 Fäden

1 x weiß	80 cm
7 x weiß	90 cm
2 x weiß	100 cm
1 x rot	70 cm
1 x rot	80 cm
4 x rot	100 cm

oder einfacher:

10 x weiß	100 cm
6 x rot	100 cm

◇ with dot = RL
◇ = LR

(weiter bei ➡)

Mit diesen 2 weißen Fäden knüpft man immer RL-Knoten!

Mit diesen 3 weißen Fäden knüpft man immer LR-Knoten!

Internet Nr. 91

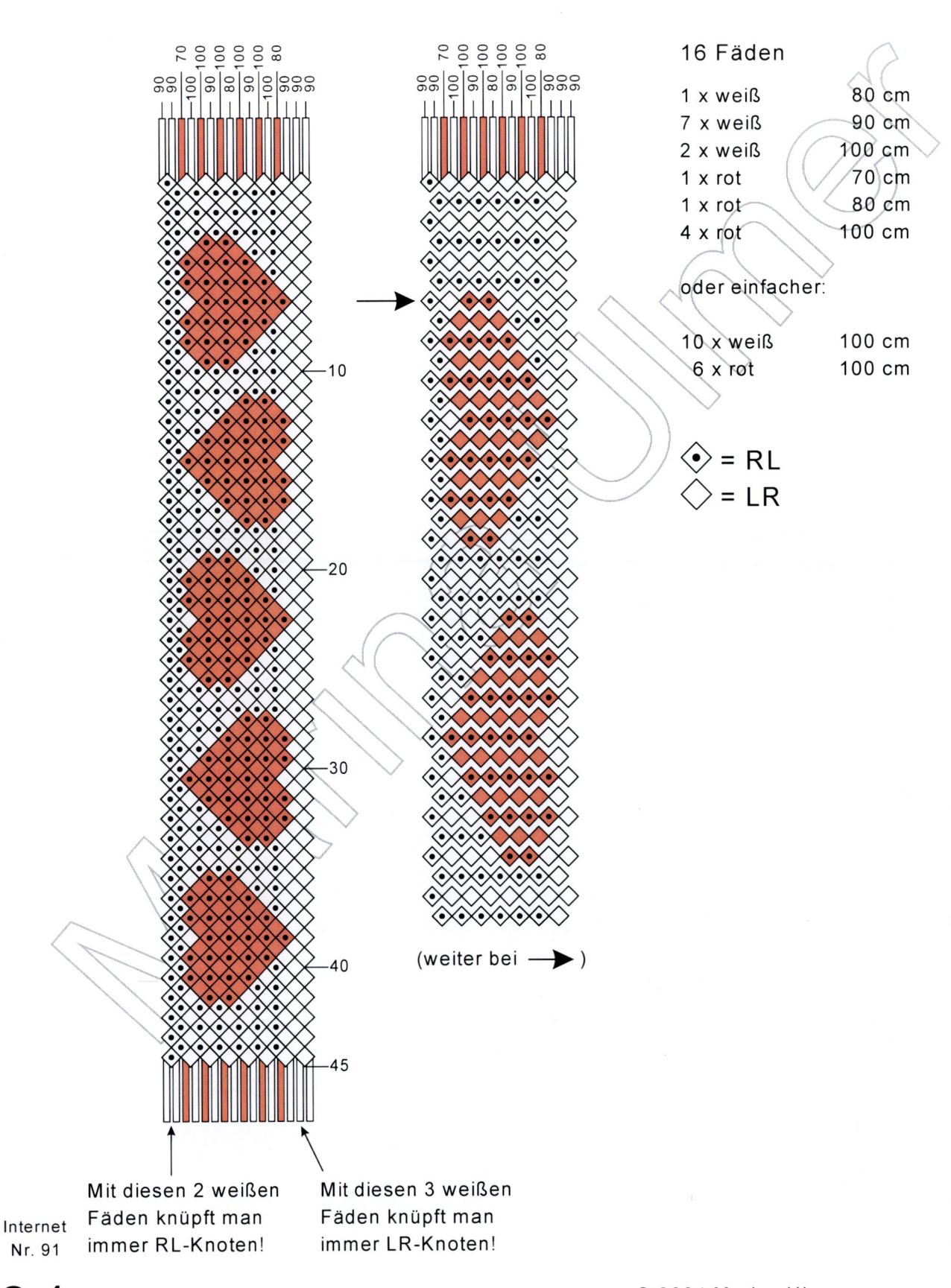

© 2004 Marina Ulmer
www.freundschaftsbaender.de

16 Fäden

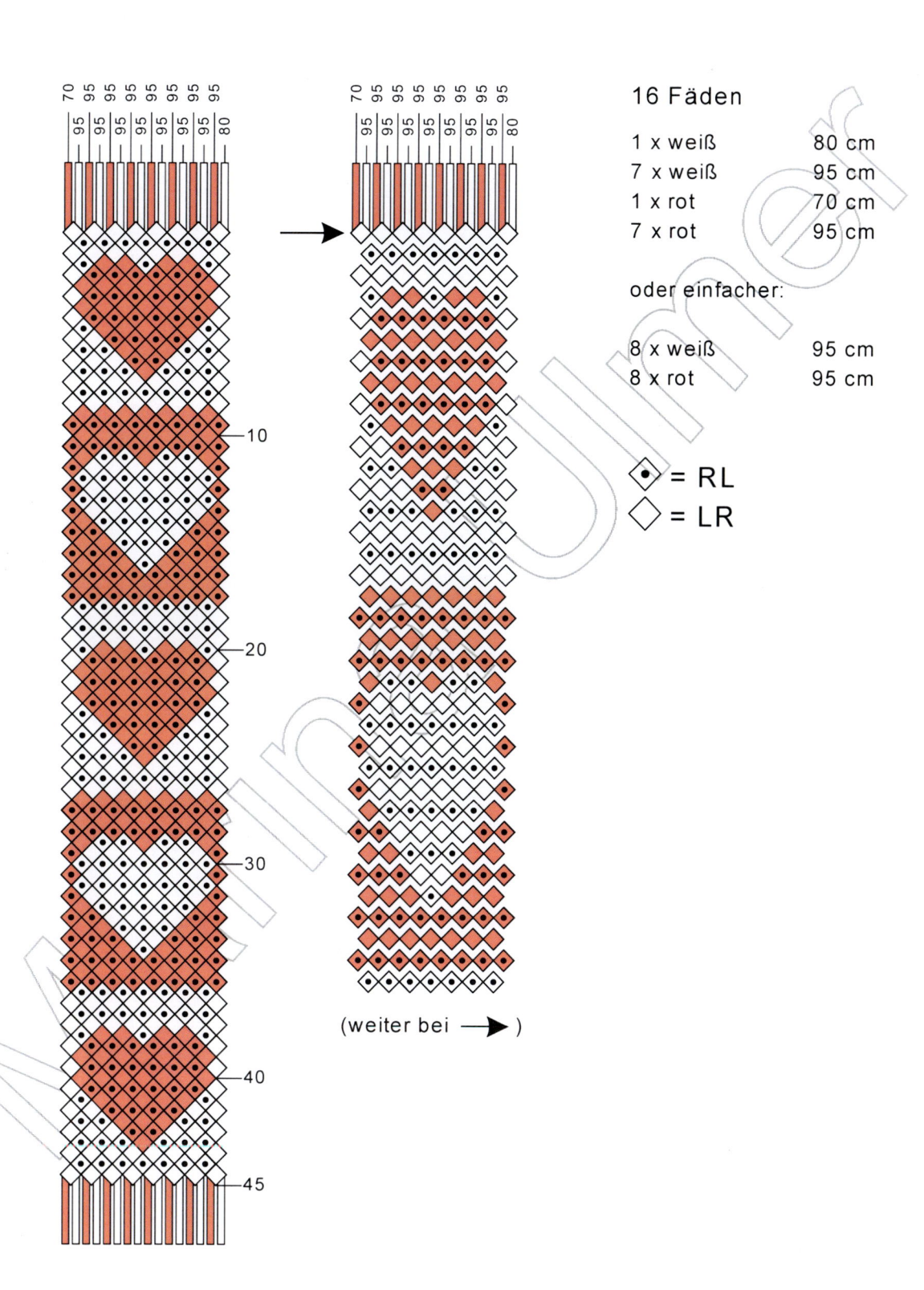

1 x weiß   80 cm
7 x weiß   95 cm
1 x rot   70 cm
7 x rot   95 cm

oder einfacher:

8 x weiß   95 cm
8 x rot   95 cm

◇• = RL
◇ = LR

(weiter bei →)

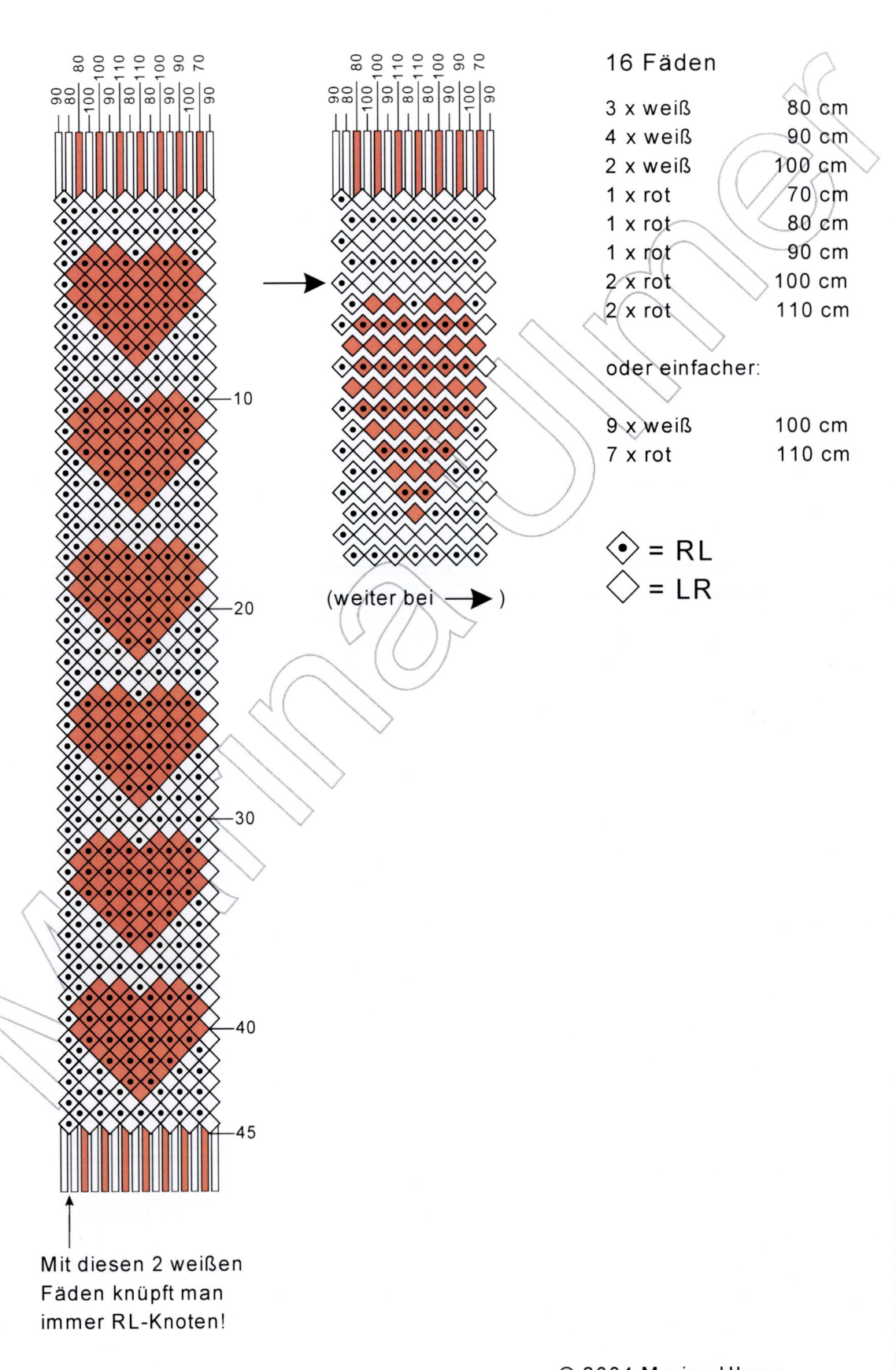

16 Fäden

3 x weiß	80 cm
4 x weiß	90 cm
2 x weiß	100 cm
1 x rot	70 cm
1 x rot	80 cm
1 x rot	90 cm
2 x rot	100 cm
2 x rot	110 cm

oder einfacher:

9 x weiß	100 cm
7 x rot	110 cm

◇̇ = RL
◇ = LR

(weiter bei ➝)

Mit diesen 2 weißen Fäden knüpft man immer RL-Knoten!

Internet Nr. 93

33

© 2004 Marina Ulmer
www.freundschaftsbaender.de

16 Fäden

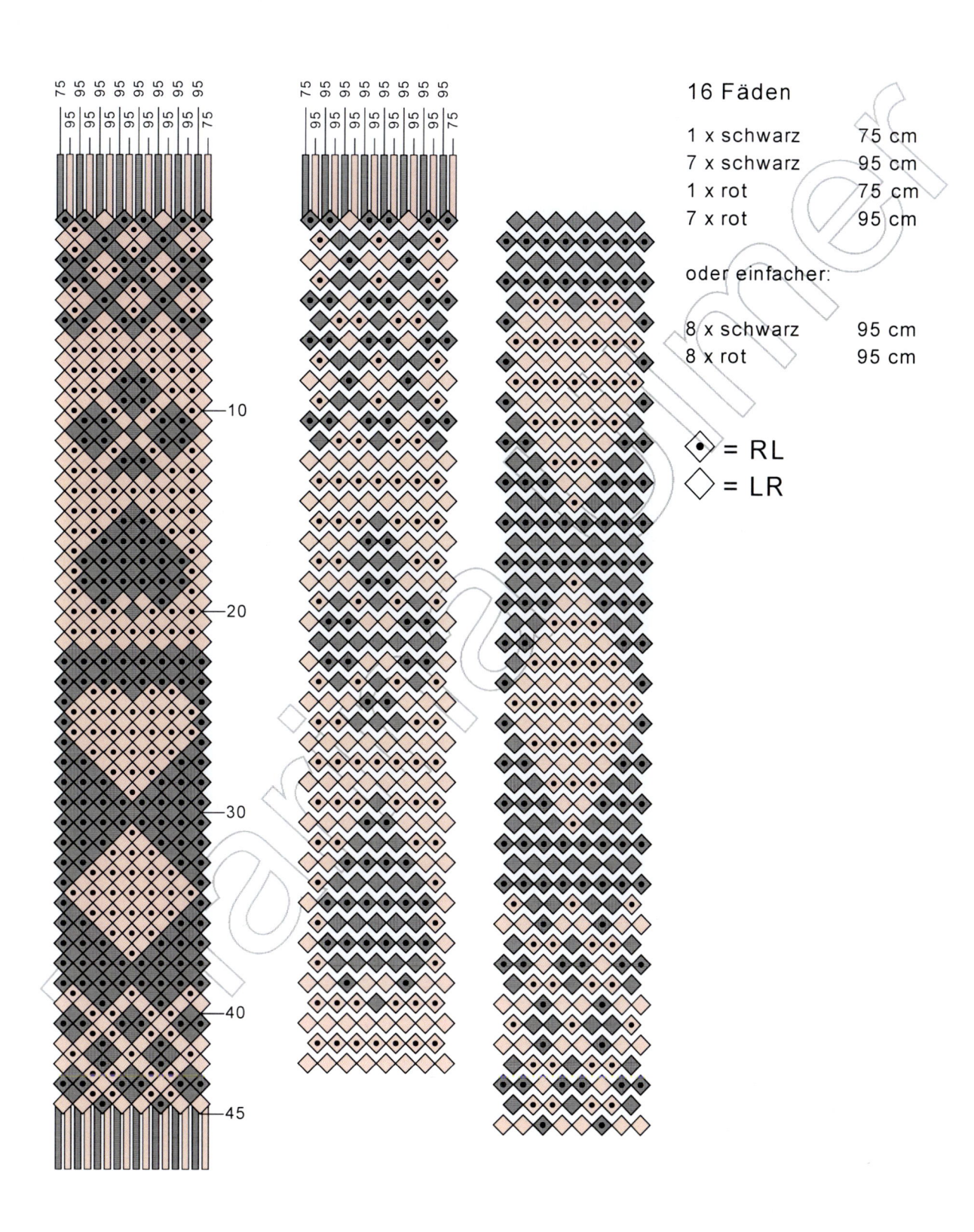

1 x schwarz 75 cm
7 x schwarz 95 cm
1 x rot 75 cm
7 x rot 95 cm

oder einfacher:

8 x schwarz 95 cm
8 x rot 95 cm

◇• = RL
◇ = LR

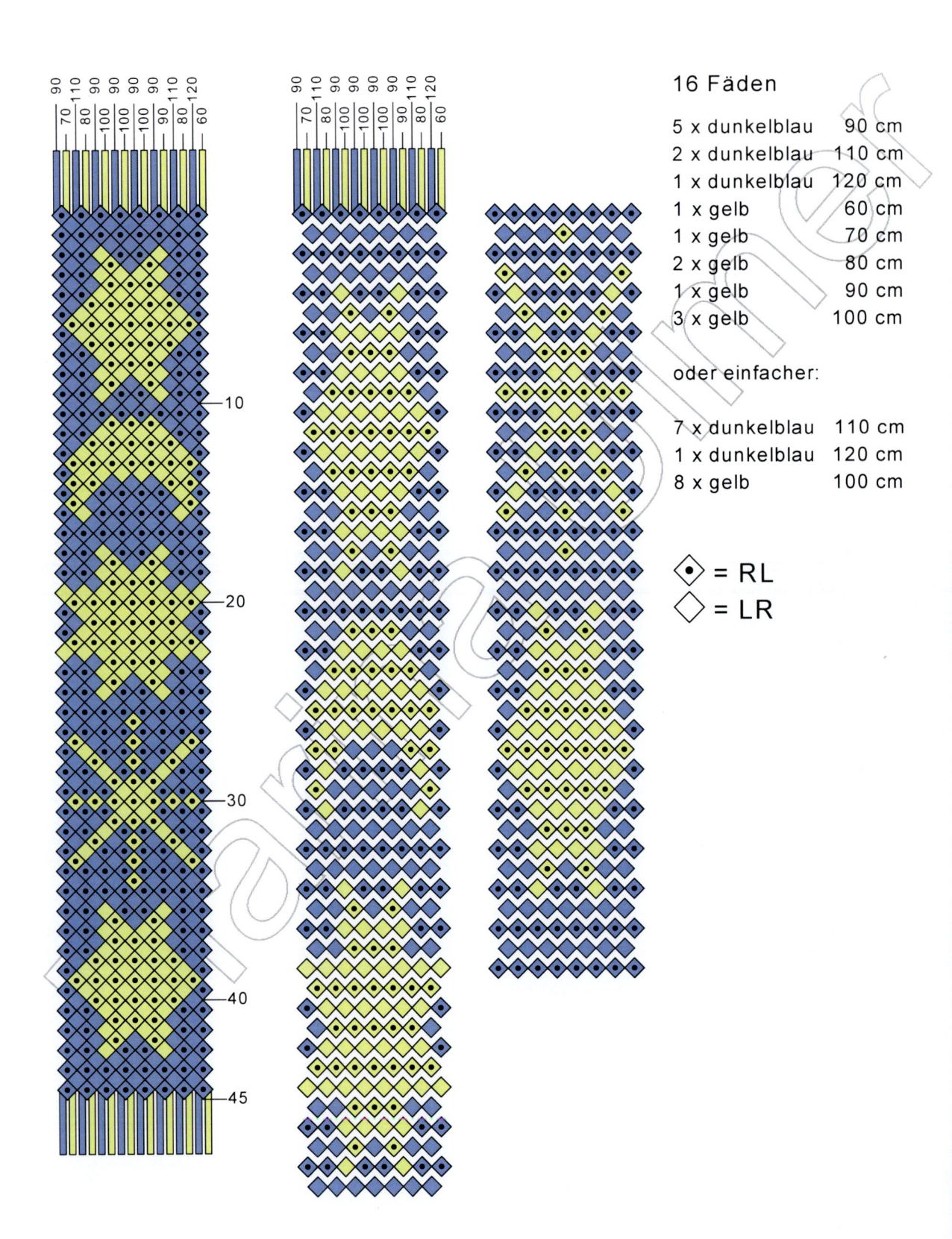

16 Fäden

5 x dunkelblau 90 cm
2 x dunkelblau 110 cm
1 x dunkelblau 120 cm
1 x gelb 60 cm
1 x gelb 70 cm
2 x gelb 80 cm
1 x gelb 90 cm
3 x gelb 100 cm

oder einfacher:

7 x dunkelblau 110 cm
1 x dunkelblau 120 cm
8 x gelb 100 cm

◇• = RL
◇ = LR

Internet
Nr. 95

35

© 2004 Marina Ulmer
www.freundschaftsbaender.de

16 Fäden

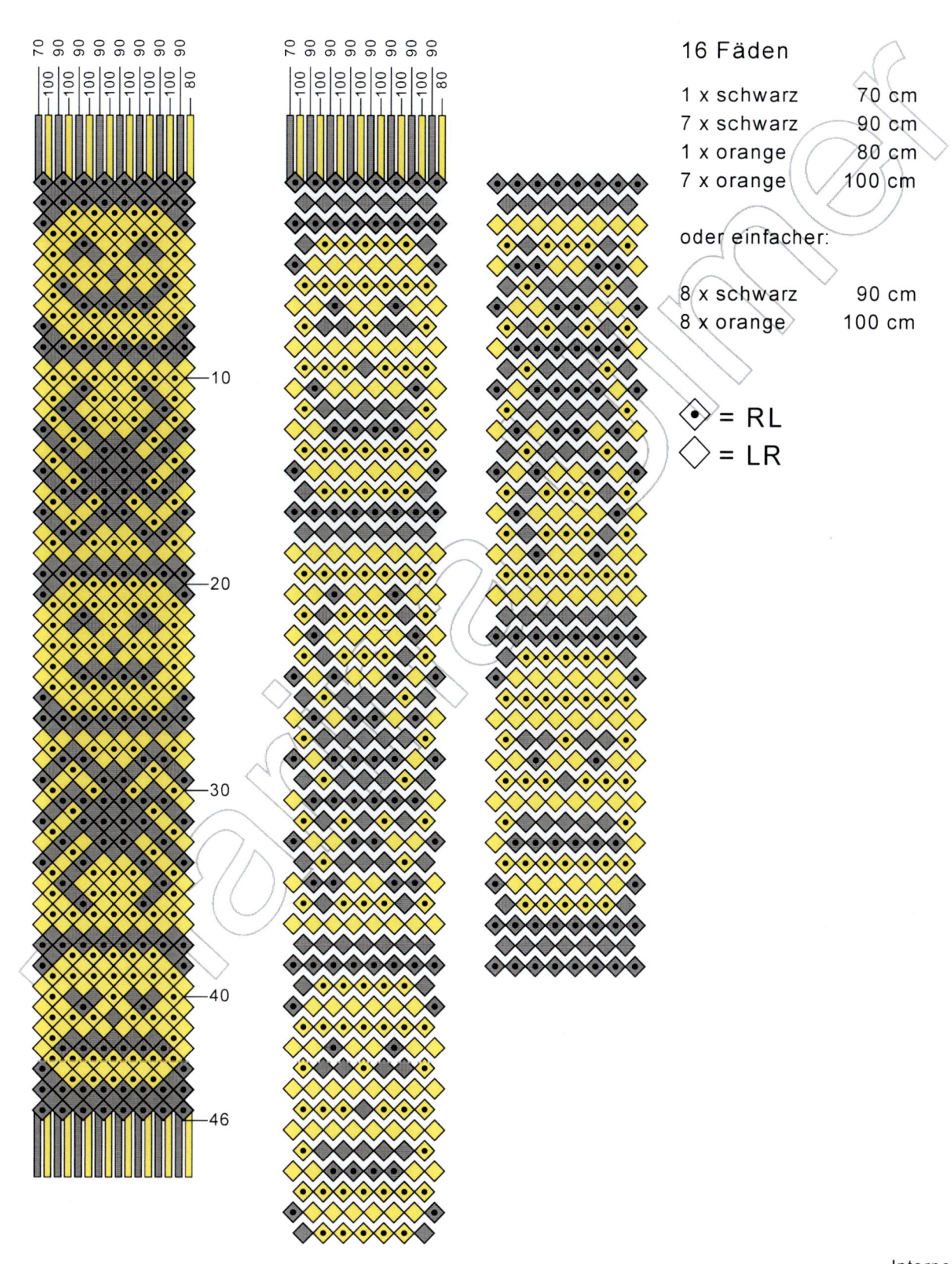

1 x schwarz 70 cm
7 x schwarz 90 cm
1 x orange 80 cm
7 x orange 100 cm

oder einfacher:

8 x schwarz 90 cm
8 x orange 100 cm

◆ = RL
◇ = LR

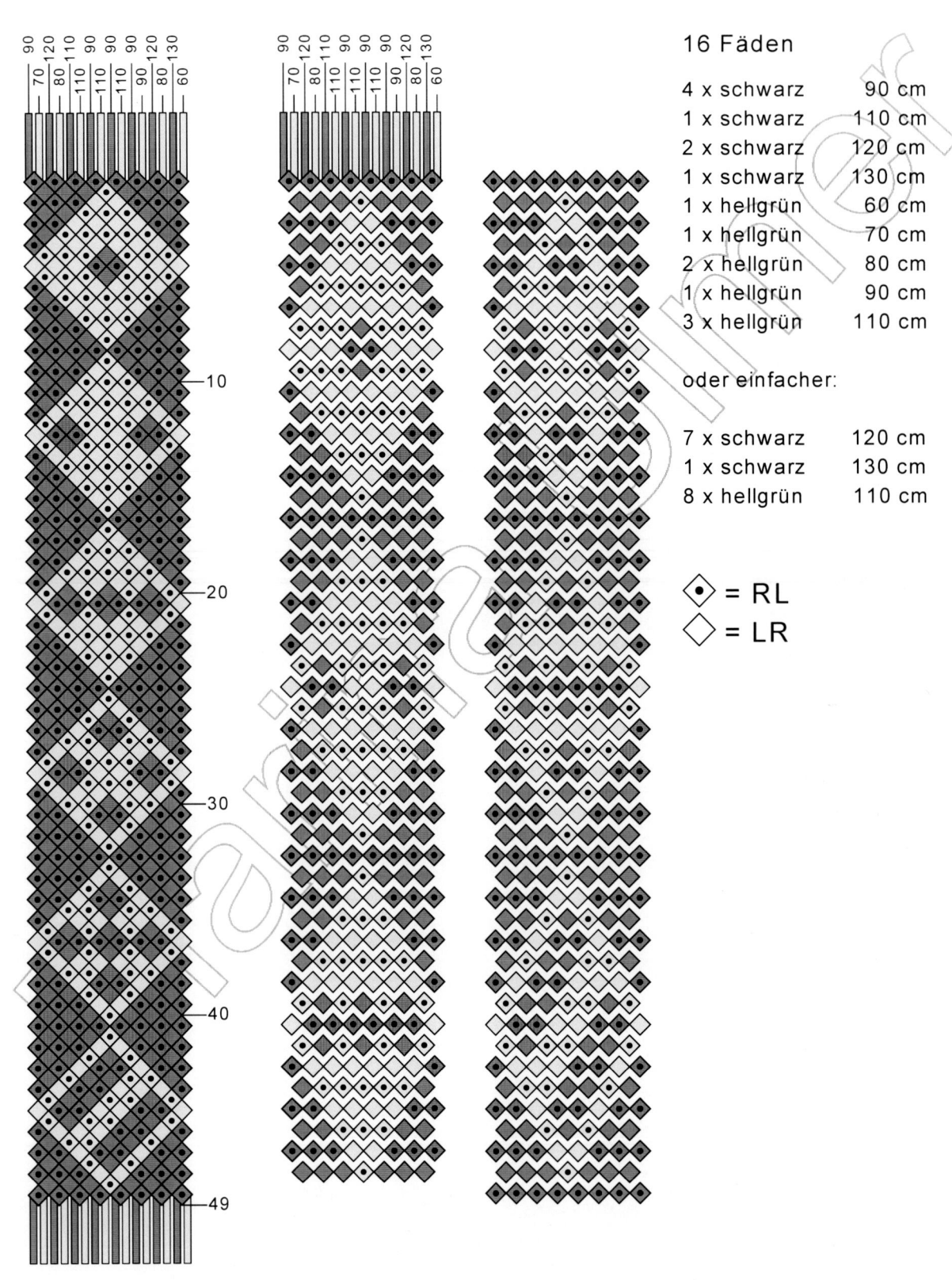

16 Fäden

4 x schwarz 90 cm
1 x schwarz 110 cm
2 x schwarz 120 cm
1 x schwarz 130 cm
1 x hellgrün 60 cm
1 x hellgrün 70 cm
2 x hellgrün 80 cm
1 x hellgrün 90 cm
3 x hellgrün 110 cm

oder einfacher:

7 x schwarz 120 cm
1 x schwarz 130 cm
8 x hellgrün 110 cm

◊• = RL
◊ = LR

Internet
Nr. 97

37

© 2004 Marina Ulmer
www.freundschaftsbaender.de

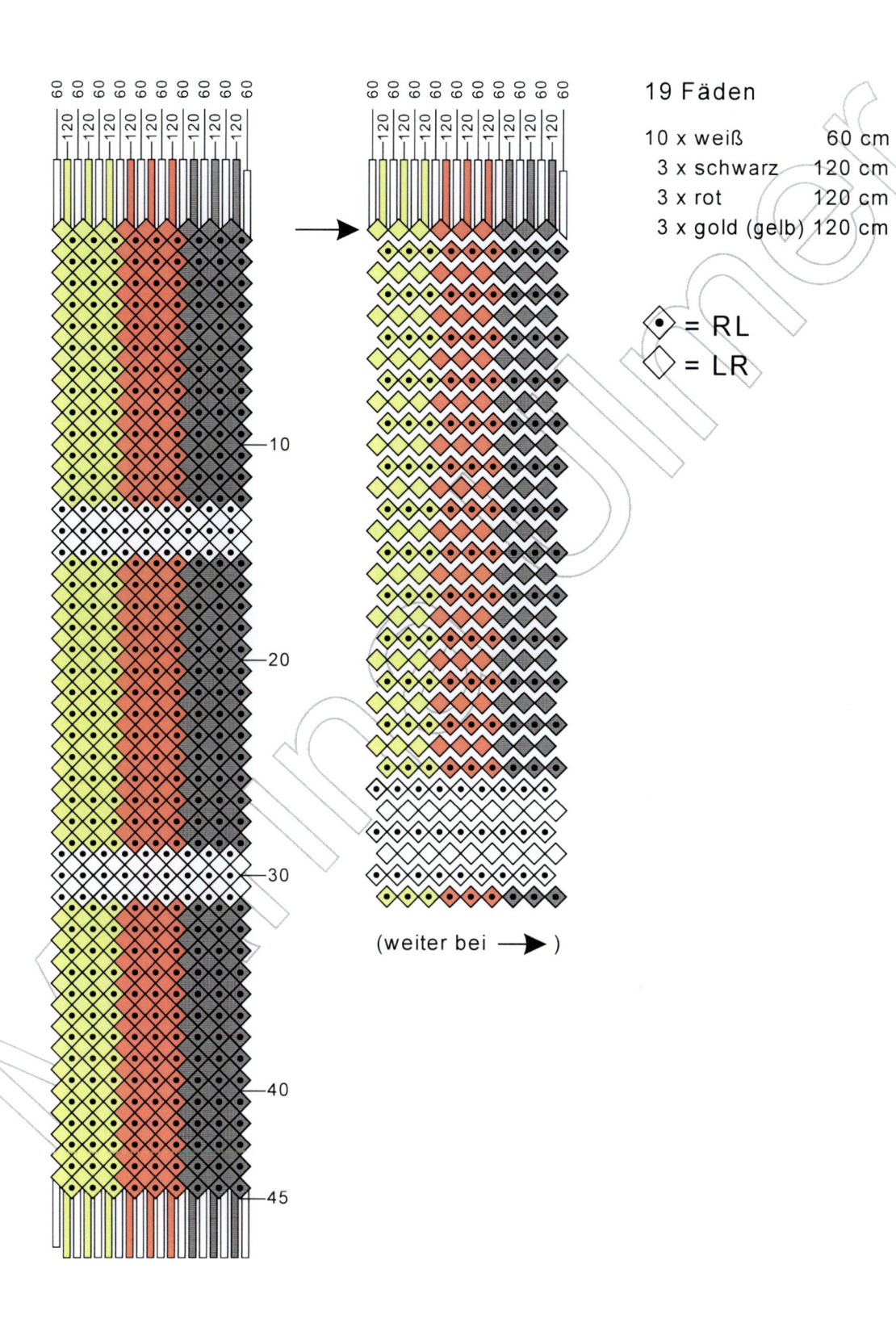

19 Fäden

10 x weiß 60 cm
3 x schwarz 120 cm
3 x rot 120 cm
3 x gold (gelb) 120 cm

◇• = RL
◇ = LR

(weiter bei ➡)

Deutschland

Internet
Nr. 98

© 2004 Marina Ulmer
www.freundschaftsbaender.de

19 Fäden

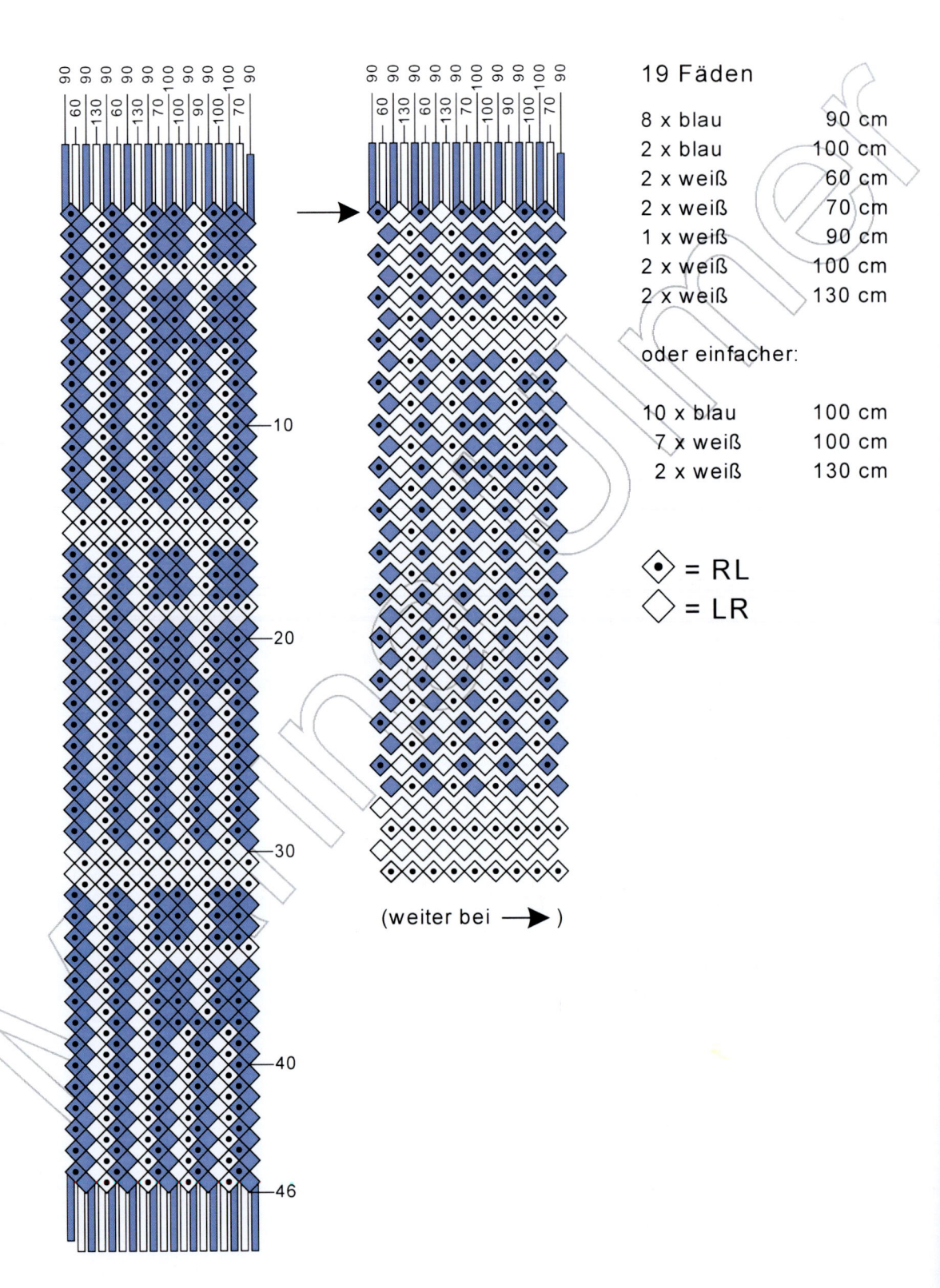

8 x blau	90 cm
2 x blau	100 cm
2 x weiß	60 cm
2 x weiß	70 cm
1 x weiß	90 cm
2 x weiß	100 cm
2 x weiß	130 cm

oder einfacher:

10 x blau	100 cm
7 x weiß	100 cm
2 x weiß	130 cm

◇• = RL
◇ = LR

(weiter bei ➔)

Griechenland

Internet Nr. 99

39

© 2004 Marina Ulmer
www.freundschaftsbaender.de

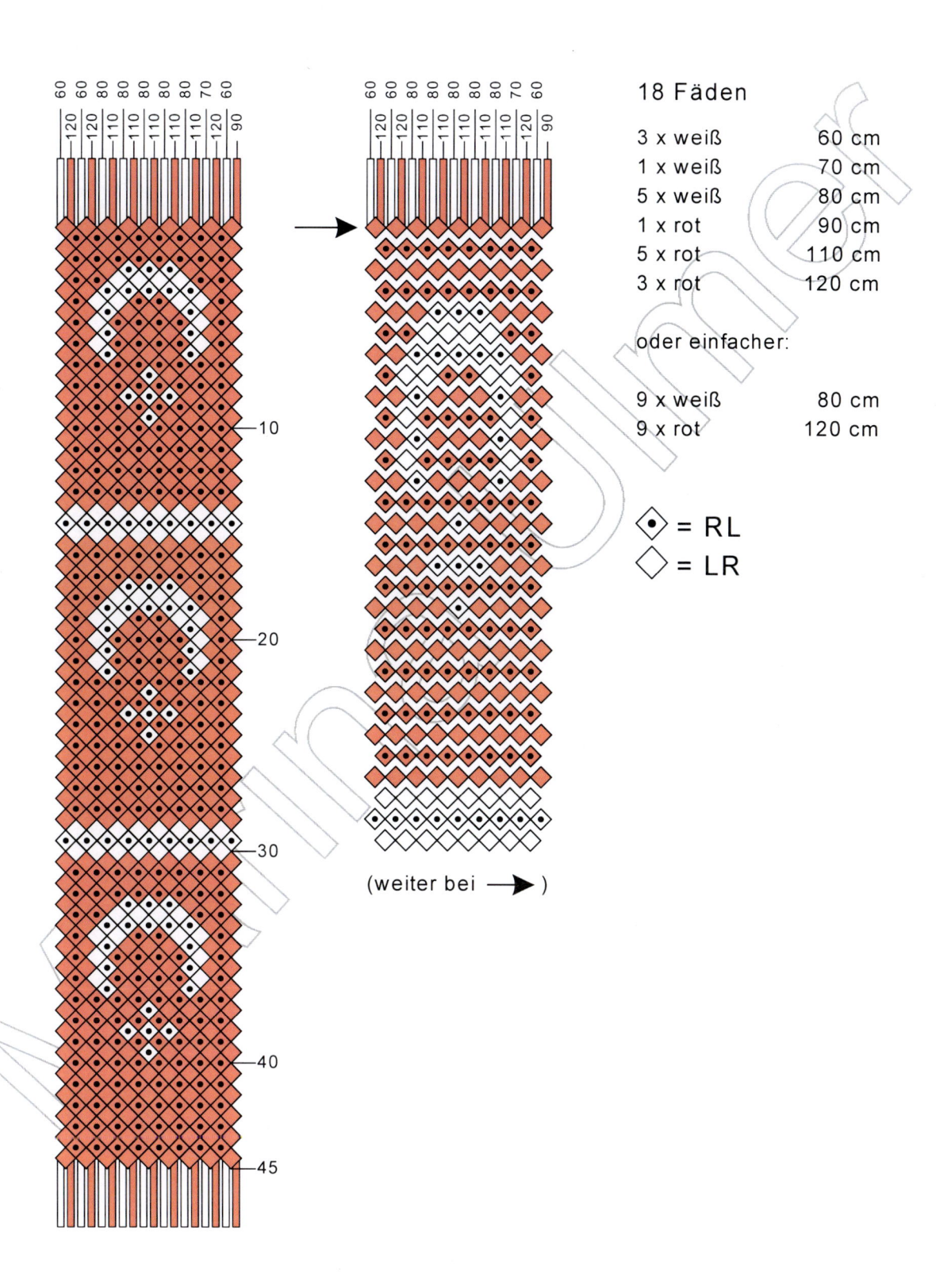

18 Fäden

3 x weiß	60 cm
1 x weiß	70 cm
5 x weiß	80 cm
1 x rot	90 cm
5 x rot	110 cm
3 x rot	120 cm

oder einfacher:

9 x weiß	80 cm
9 x rot	120 cm

◆ = RL
◇ = LR

(weiter bei ➤)

Türkei

Internet
Nr. 100

© 2004 Marina Ulmer
www.freundschaftsbaender.de

40

Diese Seite ist zum Kopieren, um eigene Bänder zu entwerfen.

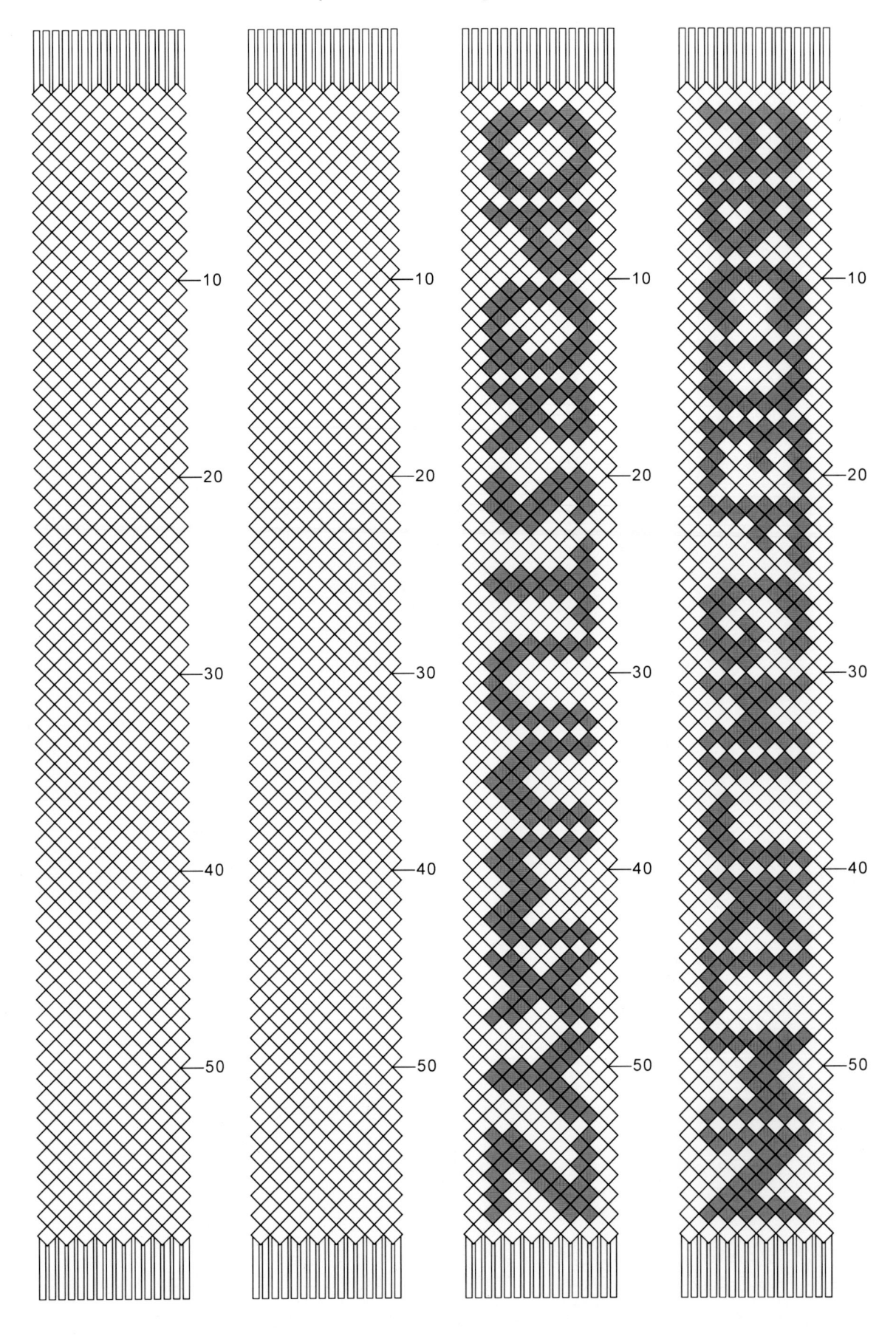